Sunshine Food

Peter Bührer

Das Beste aus Floridas Küche

Sunshine Food

Mit Illustrationen von Romero Britto

MARY HAHN

INHALT

Palm Beach

Palm Beach, die offizielle Adresse zum »Sehen und gesehen werden« an der Gold Coast und mondäne Schwester von West Palm, erhält den Löwenanteil touristischer Aufmerksamkeit. Teure Villen inmitten betäubend duftender Gärten und Palmen sind ihr Markenzeichen. Mitten in diesem exklusivsten Badeort Floridas brummt die weltberühmte Worth Avenue mit ihren eleganten und teuren Boutiquen und Cafés. Die Welt der Reichen und Schönen ist hier noch in Ordnung. Machen Sie sich aber keine Gedanken wegen des 3.000-Dollar Designer-Kostüms im Schaufenster: Sie müssen es nicht kaufen. Genauso elegant und exklusiv wie die Bewohner von Palm Beach ist hier auch die Küche. Jemand hat mal gesagt: »Das Dumme an Palm Beach ist, wenn man es sich endlich leisten kann, ist man zu alt, um etwas davon zu haben.«

KALTE GURKENSUPPE MIT PFEFFERMINZE

COOL CUCUMBER SOUP WITH PEPPERMINT

Die Salatgurken putzen, längs aufschneiden und die Kerne mit einem Teelöffel herauskratzen. Das Gurkenfleisch in feine Streifen schneiden. Das Olivenöl in einer Pfanne erhitzen, den Knoblauch darin andünsten, dann die Gurkenstreifen hinzufügen. Kurz anschwitzen lassen.

Die Gurken-Knoblauch-Mischung zusammen mit der Brühe und der Sahne im Mixer fein pürieren. Mit Salz und weißem Pfeffer aus der Mühle würzen.

Die Suppe auf vorgekühlte Suppenschalen verteilen. Jeweils 1 Teelöffel saure Sahne in die Mitte der Schale geben. Alles mit Petersilie und Pfefferminze bestreuen.

- *2 Salatgurken*
- *4 EL Olivenöl*
- *2 Knoblauchzehen, gepreßt*
- *500 ml Gemüsebrühe*
- *150 g Sahne*
- *Salz, weißer Pfeffer aus der Mühle*
- *4 TL saure Sahne*
- *1 EL Petersilie, fein gehackt*
- *2 EL frische Pfefferminze, fein gehackt*

PALM BEACH

KALTE AVOCADOSUPPE

COLD AVOCADO SOUP

Die Zwiebel schälen und fein hacken. Die Avocados schälen, das Fruchtfleisch jeweils mit einem Teelöffel von der Schale lösen und in einen Mixer geben. Die Sahne, die saure Sahne, die Zwiebel sowie die Geflügelbrühe beigeben und das Ganze im Mixer fein pürieren.

Mit Salz, weißem Pfeffer aus der Mühle und einigen Tropfen Limonensaft würzen. Die Suppe in gekühlte Tassen oder Teller abfüllen und für mindestens 1 Stunde in den Kühlschrank stellen. Vor dem Servieren mit Limonenscheiben garnieren und mit Petersilie bestreuen.

- *1 rote Zwiebel*
- *2 reife Avocados*
- *100 g Sahne*
- *50 g saure Sahne*
- *500 ml Geflügelbrühe*
- *Salz, weißer Pfeffer aus der Mühle*
- *etwas Limonensaft*
- *Limonenscheiben zum Garnieren*
- *2 TL Petersilie, fein gehackt*

GORGONZOLA-RAVIOLI MIT PAPRIKACREME

GORGONZOLA RAVIOLI WITH PEPPER CREAM

Für den Teig:
- 400 g Mehl
- 4 Eier
- 3 EL Olivenöl
- Salz

Für die Paprikacreme:
- 4 rote Paprikaschoten
- 1 Knoblauchzehe, gepreßt
- 3 EL Butter
- 200 ml Milch
- 250 g Sahne
- weißer Pfeffer

Für die Füllung:
- 60 g Pinienkerne
- 240 g Ricotta
- 240 g Gorgonzola
- 3 EL Basilikum, fein gehackt
- 1 TL frischer Majoran, fein gehackt
- schwarzer Pfeffer aus der Mühle
- abgeriebene Schale von
- 1 unbehandelten Limone

Außerdem:
- 1 frisches Eiweiß
- 3 EL Butter

Für den Nudelteig das Mehl auf ein Brett sieben, in die Mitte eine Mulde drücken. Eier, 1 Eßlöffel Öl und etwas Salz hineingeben. Das Ganze mit beiden Händen zu einem Klumpen verarbeiten. Das restliche Öl zufügen und den Teig in etwa 15 Minuten glatt und elastisch kneten. In ein feuchtes Tuch wickeln und 15 Minuten ruhen lassen.

Für die Paprikacreme die Paprikaschoten halbieren, entkernen, waschen und fein würfeln. Den Knoblauch in der Butter andünsten, die Paprikaschoten beigeben. Mit Milch und Sahne aufgießen. Die Sauce bei milder Hitze etwa 30 Minuten köcheln lassen. Dann im Mixer pürieren, durch ein Sieb passieren, salzen und pfeffern. Warm stellen.

Für die Füllung die Pinienkerne in einer Pfanne ohne Fettzugabe rösten. Den Ricottakäse in einer Schüssel glattrühren. Den Gorgonzola in kleine Würfel schneiden und untermischen. Zwei Drittel der Pinienkerne, 1 Eßlöffel Basilikum und den Majoran dazugeben. Alles gut vermengen. Mit Salz, schwarzem Pfeffer aus der Mühle sowie Limonenschale pikant würzen.

Den Nudelteig dünn auswalzen, so daß man durchsehen kann und halbieren. Auf eine Teigfläche in ausreichendem Abstand (etwa 3 cm) jeweils 1 Teelöffel Füllung geben. Die Zwischenräume mit Eiweiß bepinseln. Mit der zweiten Teigfläche abdecken und die Ränder jeweils gut andrücken. Mit einem Teigrädchen Ravioli ausschneiden. Die Ravioli in Salzwasser in 3 bis 4 Minuten weich kochen. Herausnehmen und in braun geschmolzener Butter wenden. Die Paprikacreme auf Tellern verteilen und jeweils Ravioli darauf setzen. Mit dem restlichen Basilikum und den restlichen Pinienkernen bestreuen.

PALM BEACH

SASHIMI MIT SESAM-MEERRETTICH-DRESSING

SASHIMI WITH SESAME WASABI DRESSING

Die Fischfilets waschen, trockentupfen, in das Gefrierfach legen und fast bis zum Gefrierpunkt kühlen.

Den Friséesalat putzen, zerteilen, waschen und gut abtropfen lassen. Die Blätter auf 4 Tellern auslegen. Den gekühlten Fisch hauchdünn aufschneiden und ebenfalls auf den Tellern anrichten.

Für das Dressing alle weiteren Zutaten in eine Schüssel geben und gut verrühren. Das Dressing mit einem Pinsel auf die Fischfilets streichen und das Ganze servieren.

Tip:
Das Ganze mit gebackenen Gemüsestreifen, wie zum Beispiel Lauch und Karotten, garnieren. Wasabi-Paste erhalten sie in gut sortierten Asienläden.

50 g frisches Lachsfilet
50 g frisches Goldbrassenfilet
50 g frisches Thunfischfilet
1/2 Kopf Friséesalat
2 TL frischer Ingwer, gerieben
3 EL Olivenöl
1 TL geröstetes Sesamöl
2 Msp. Wasabi-Paste
1 TL Sojasauce
1 TL Zitronensaft
1 TL Zwiebeln, fein gerieben
Salz, weißer Pfeffer aus der Mühle

PALM BEACH

THUNFISCH MIT MEERRETTICH-DRESSING

TUNA WITH WASABI DRESSING

Für den Fisch den Backofen auf 80 °C vorheizen. Die Pfefferkörner zerdrücken. Alle Gewürze in eine Schüssel geben und gut vermengen. Die Thunfischfilets waschen und trockentupfen. Das Olivenöl in einer Pfanne erhitzen, den Thunfisch in der Gewürzmischung wenden und im heißen Öl auf allen Seiten scharf anbraten. Aus der Pfanne nehmen, auf ein Backblech legen und im Ofen in etwa 8 Minuten gar ziehen lassen (Der Fisch sollte nicht durchziehen, sondern roh temperiert sein).

Für das Dressing die Paprikaschoten halbieren, entkernen, waschen und in Würfel schneiden. Zusammen mit Maiskörnern aus der Dose, Öl, Essig sowie Wasabi-Pulver in eine Schüssel geben und das Ganze gut vermengen. Mit Salz und Pfeffer aus der Mühle würzen.

Für die Reiskuchen in einer Pfanne das Olivenöl und die Butter erhitzen. Aus dem gekochten Risottoreis kleine Küchlein formen und diese portionsweise in der Pfanne goldbraun braten. Mit einem Schaumlöffel aus der Pfanne heben und auf Küchenpapier gut abtropfen lassen.

Das Dressing auf 4 Teller verteilen. Den Thunfisch in Scheiben schneiden und auf dem Dressing anrichten. Die Reisküchlein dazulegen und das Ganze mit Kräutern garnieren.

Für den Fisch:

20 rosa Pfefferkörner
2 EL Salz
schwarzer Pfeffer aus der Mühle
2 TL Chilipulver
1 TL Korianderpulver
4 frische Thunfischfilets à 120 g, ohne Haut und Gräten
5 EL Olivenöl

Für das Dressing:

2 gelbe Paprikaschoten
1 rote Paprikaschote
100 g Maiskörner aus der Dose
60 ml Olivenöl
120 ml Reisessig
2 TL Wasabi-Pulver

Für die Reiskuchen:

5 EL Olivenöl
4 EL Butter
400 g Risottoreis, gekocht

Außerdem:

Kräuter zum Garnieren

PALM BEACH

12

FILETSPITZEN UND JAKOBS-MUSCHELN IN SENFSAUCE

FILLET AND SCALLOPS IN MUSTARD SAUCE

Für die Senfsauce:
- 1 rote Paprikaschote
- 1 gelbe Paprikaschote
- 1 Zwiebel
- 1 Knoblauchzehe
- 1 EL Olivenöl
- 100 ml trockener Weißwein
- 3 TL grobkörniger Senf
- 250 g Sahne
- 1 TL frischer Ingwer, fein gerieben
- 1 EL Zitronengras, fein gehackt
- 1 Msp. Zimtpulver
- 1 EL frischer Koriander, fein gehackt

Außerdem:
- 400 g Rinderfilet, in Würfeln à ca. 30 g
- Salz, Pfeffer aus der Mühle
- 1 EL Olivenöl
- 300 g frische Jakobsmuscheln
- 2 EL Butter
- 12 grüne Spargelspitzen, gekocht

Für die Senfsauce die Paprikaschoten halbieren, entkernen, waschen und in kleine Würfel schneiden. Zwiebel und Knoblauchzehe schälen und fein hacken. In einem Topf das Olivenöl erhitzen und die Zwiebel sowie den Knoblauch darin andünsten, die Paprikaschoten dazugeben und mit Weißwein ablöschen.

Den Alkohol auf die Hälfte einkochen lassen, den Senf und die Sahne dazugeben. Bei milder Hitze zu einer sämigen Sauce einkochen lassen. Mit Ingwer, Zitronengras, Zimtpulver und Koriander würzen.

Die Rinderfiletwürfel mit Salz und schwarzem Pfeffer aus der Mühle würzen und im Olivenöl auf allen Seiten gut anbraten. Die Jakobsmuscheln unter fließend kaltem Wasser gut putzen, salzen, pfeffern und in der Butter anbraten.

Die Filetwürfel und die Jakobsmuscheln jeweils aus der Pfanne nehmen, in die Senfsauce legen und das Ganze kurz aufkochen lassen. Mit Salz und Pfeffer würzen, die grünen Spargelspitzen beigeben und alles gut vermengen. Nach Belieben zusammen mit Reis servieren.

PALM BEACH

HÜHNERBRUST MIT ZIEGENKÄSE UND TOMATENSAUCE

CHICKEN BREAST WITH GOAT CHEESE AND TOMATO SAUCE

PALM BEACH

Die Hühnerbrüste waschen, trockentupfen und jeweils schräg einschneiden. In jeden Einschnitt Ziegenkäse einfüllen. Das Geflügelfleisch zurückklappen, gut andrücken und mit Salz und Cayennepfeffer auf beiden Seiten würzen. Den Ofen auf 100 °C vorheizen. Die Hühnerbrüste in 2 Eßlöffeln Olivenöl auf beiden Seiten scharf anbraten. Aus der Pfanne nehmen, auf ein Backblech legen, in den Ofen geben und in etwa 20 Minuten darin garen.

Für die Tomatensauce die Tomaten im Mixer fein pürieren. 3 Teelöffel Koriander und den Knoblauch beigeben. Die flüssige Butter, 6 Eßlöffel Olivenöl und 4 Teelöffel Balsamicoessig dazugeben. Das Ganze gut verrühren. Mit Salz und schwarzem Pfeffer aus der Mühle würzen.

Den Salat putzen, zerteilen, waschen und gut abtropfen lassen. Zusammen mit den Oliven in eine Schüssel geben. Den restlichen Koriander und die Petersilie hinzufügen. Restliches Olivenöl und restlichen Balsamicoessig beigeben, alles gut vermengen und dann mit Salz und Pfeffer würzen.

Den Salat auf Tellern anrichten, die Hühnerbrüste jeweils in die Tellermitte setzen und die Tomatensauce tropfenweise auf dem Ganzen verteilen. Für die Garnitur die Zwiebel schälen,in Ringe schneiden, diese im Mehl wenden und in heißem Öl schwimmend ausbacken. Herausnehmen, auf Küchenpapier abtropfen lassen und mit Salz sowie Cayennepfeffer würzen. Die Zwiebelringe auf dem Fleisch arrangieren.

4 frische Hühnerbrüste (à ca. 200 g)
150 g Ziegenfrischkäse
Salz, Cayennepfeffer
150 ml Olivenöl
120 g getrocknete Tomaten
3 EL frischer Koriander, fein gehackt
1 Knoblauchzehe, gepreßt
2 EL flüssige Butter
5 EL Balsamicoessig
schwarzer Pfeffer aus der Mühle
50 g Blattsalat
10 schwarze Oliven,
entsteint und grob gehackt
3 EL Petersilie, fein gehackt
1 Zwiebel
4 EL Mehl
Öl zum Ausbacken

GEBRATENES HÜHNCHEN MIT SPARGEL & MORCHELN

ROASTED CHICKEN WITH ASPARAGUS & MORELS

Backofen auf 150 °C vorheizen. Die Hühnerteile mit Salz und Pfeffer würzen. 4 Eßlöffel Olivenöl in einer Pfanne erhitzen und darin die Geflügelteile zusammen mit 2 Eßlöffeln Butter scharf anbraten. Aus der Pfanne nehmen, in eine Kasserolle legen und im Ofen in etwa 30 Minuten fertig garen.

PALM BEACH

Den Majoran waschen, trockenschütteln und fein hacken. Die Bohnen 2 Minuten in reichlich Salzwasser kochen. Abgießen und im Mixer fein pürieren. 5 Eßlöffel Olivenöl, Parmesan sowie Majoran hinzufügen und mit Salz und Pfeffer würzen.

Die Morcheln halbieren, unter fließend kaltem Wasser gut abspülen und jeweils die Enden abschneiden. Die Zwiebeln schälen und fein hacken. In 3 Eßlöffeln Butter die Hälfte der Zwiebeln andünsten, die Morcheln dazugeben und etwa 5 Minuten mitdünsten. 800 ml Geflügelbrühe angießen, das Ganze aufkochen und die Morcheln bißfest garen.

Für die Sauce das restliche Olivenöl erhitzen und die restlichen Zwiebeln und den Knoblauch darin andünsten. Mit dem Weißwein ablöschen, die Kräuterzweige dazugeben und die Flüssigkeit auf ein Viertel einkochen lassen. Die restliche Geflügelbrühe sowie den Saft der gedünsteten Morcheln hinzufügen und alles auf ein Drittel einkochen lassen. Die beiden Kräuterzweige entfernen. Das Ganze mit Salz und Pfeffer würzen.

Die Bohnen jeweils auf der Tellermitte anrichten. Die Hühnerteile darauf legen, mit den heißen Morcheln und Spargelspitzen umlegen. Jeweils etwas Sauce darübergießen und alles mit den Kräuterzweigen garnieren.

4 Hühnerbrüste mit Haut
4 Hühnerschenkel mit Haut
Salz, schwarzer Pfeffer aus der Mühle
130 ml Olivenöl
50 g Butter
2 TL Majoran
250 g frische dicke Bohnen
4 EL Parmesankäse, gerieben
250 g frische Morcheln
4 Zwiebeln
1 l Geflügelbrühe
2 Knoblauchzehen, gepreßt
200 ml Weißwein
1 Zweig Thymian
1 Zweig Rosmarin
24 grüne Spargelspitzen, bißfest gekocht

LAMMKEULE MIT KARTOFFEL-BASILIKUM-RAVIOLI

LAMB SHANK WITH POTATO BASIL RAVIOLI

Für den Nudelteig:
- 400 g Weizenmehl (Type 405)
- 4 Eier
- 3 EL Olivenöl
- Salz
- Mehl für die Arbeitsfläche

Für die Lammkeule:
- 1 Lammkeule von ca. 600 g
- Salz, schwarzer Pfeffer aus der Mühle
- 80 ml Olivenöl
- 4 EL Butter
- 2 Zwiebeln, fein gehackt
- 1 Karotte, fein gehackt
- 1/2 Stange Lauch, fein gehackt
- 40 g Sellerie, fein gehackt
- 400 ml Weißwein
- 1 l Geflügelbrühe
- 2 geschälte Tomaten aus der Dose
- 1 1/2 TL Kümmel
- 1/2 Bund glatte Petersilie, fein gehackt
- 4–5 Kartoffeln, gekocht
- 60 g Pesto (Fertigprodukt)
- 4 EL Sahne
- 1 Eiweiß zum Bestreichen
- 3 EL gebräunte Butter
- 80 g Parmesan, in lange Streifen gehobelt
- glatte Petersilie zum Garnieren

Für den Nudelteig das Mehl auf eine Arbeitsfläche sieben. In die Mitte eine Mulde drücken. Die Eier, 1 Eßlöffel Olivenöl und etwas Salz in die Mulde geben. Das Mehl mit den Eiern vermengen. Das restliche Öl hinzufügen und den Teig in etwa 15 Minuten glatt und elastisch kneten. Wenn der Teig zu trocken ist, tropfenweise Wasser hinzufügen. In ein feuchtes Tuch wickeln und an einem kühlen Ort etwa 30 Minuten ruhen lassen.

Die Lammkeule mit Salz und Pfeffer würzen und in 4 Eßlöffeln Olivenöl auf allen Seiten scharf anbraten. Das Bratfett abgießen und die Lammkeule beiseite stellen. Das restliche Öl und die Butter in der Pfanne erhitzen. Die Gemüse darin andünsten und mit dem Weißwein ablöschen. Das Ganze auf die Hälfte einkochen, dann Brühe, Tomaten, Kümmel und Petersilie hinzufügen. Alles aufkochen lassen, die Lammkeule dazulegen und in etwa 1 Stunde weich schmoren. Die Keule herausnehmen, warm stellen und den Fond zu einer sämigen Sauce einkochen. Mit Salz und Pfeffer würzen.

Die Kartoffeln fein reiben und mit dem Pesto und der Sahne vermengen. Den Nudelteig halbieren und etwa 3 mm dick ausrollen. Auf die eine Teighälfte in genügend großem Abstand jeweils 1/2 Eßlöffel Kartoffelfüllung setzen. Die Zwischenräume mit Eiweiß bestreichen. Mit der anderen Teighälfte abdecken, die Ränder gut andrücken und mit einem Messer Ravioli ausschneiden. In Salzwasser bißfest kochen, dann in gebräunter Butter schwenken.

Die Lammkeule in 4 Portionen teilen, auf Tellern anrichten und jeweils mit etwas Sauce umgießen. Die Ravioli dazulegen und mit Parmesanstreifen belegen. Mit Petersilie garnieren.

PALM BEACH

ZITRONENKUCHEN AUS KEY WEST

KEY LIME PIE

PALM BEACH

Den Backofen auf 190 °C vorheizen. Die Butterkekse in eine Schüssel bröseln. Die Butter in Stückchen sowie das Salz dazugeben. Das Ganze im Mixer pürieren. Die Keksmasse gleichmäßig auf dem Boden einer Springform (ca. 24 cm Durchmesser) verteilen. Leicht andrücken und dann im Ofen 5 bis 7 Minuten backen. Herausnehmen und abkühlen lassen.

Für die Füllung Eigelbe und Kondensmilch in einer großen Schüssel in etwa 3 Minuten zu einer schaumigen Masse verquirlen. Den Limonensaft und die Limonenschale beigeben und gut unterrühren. Die Masse in die Springform gießen, verteilen und das Ganze 20 bis 25 Minuten backen.

Inzwischen die Eiweiße steifschlagen, dabei den Puderzucker einrieseln lassen. So lange schlagen, bis der Schnee schnittfest ist. Den Backofen auf 200 °C einstellen. Die Eiweißmasse auf der Kuchenoberfläche verstreichen. Das Ganze im Ofen einige Minuten backen, bis die Eiweißmasse leicht gebräunt ist. Den Kuchen herausnehmen und vor dem Servieren abkühlen lassen.

Für den Teig:

400 g Butterkekse

80 g weiche Butter

1 Prise Salz

Für die Füllung:

3 frische Eigelbe

400 ml Kondensmilch

130 ml frisch gepreßter Limonensaft

1 TL abgeriebene Schale von einer unbehandelten Limone

Für die Glasur:

3 Eiweiß

125 g Puderzucker

APFELKUCHEN MIT FEIGEN

APPLE AND FIG PIE

Für die Teigdecke alle Zutaten in eine Schüssel geben und mit den Knethaken des Rührgeräts gut vermengen. Den Teig zur Kugel formen, in Folie wickeln und für 1 Stunde in den Kühlschrank legen.

Die Feigen waschen und achteln. In einer kleinen Pfanne 200 ml Wasser erhitzen. Die kleingeschnittenen Feigen, den Honig und den Cognac dazugeben. Alles aufkochen lassen, dann die Pfanne beiseite stellen und die Feigen ziehen lassen, bis sie weich sind.

Den Backofen auf 200 °C vorheizen. Die Äpfel schälen, entkernen und in Scheiben schneiden. Die Feigen aus dem Sud nehmen, grob hacken und zusammen mit Äpfeln, Zucker, Zimtpulver, Vanillemark, Mehl und Salz in eine Schüssel geben. Das Ganze gut vermengen.

Eine Springform von 26 cm Durchmesser mit Butter ausstreichen. Die Füllung in die Form geben und gleichmäßig verteilen. Den Teig darüberstreuen, das Ganze in den Ofen stellen und in 35 bis 40 Minuten goldbraun backen. Aus dem Ofen nehmen, 20 Minuten abkühlen lassen und zusammen mit der Schlagsahne servieren.

Für die Teigdecke:
- *200 g Mehl*
- *3 EL weißer Zucker*
- *3 EL brauner Zucker*
- *100 g gehackte Walnüsse*
- *1 Prise Salz*
- *150 g weiche Butter*
- *1 Ei*

Für die Füllung:
- *2 frische Feigen*
- *50 ml Honig*
- *3 EL Cognac*
- *500 g Äpfel*
- *2 EL brauner Zucker*
- *2 EL weißer Zucker*
- *1 TL Zimtpulver*
- *ausgekratztes Mark von 1 Vanilleschote*
- *50 g Mehl*
- *1 Prise Salz*

Außerdem:
- *Butter für die Form*
- *200 g Sahne, geschlagen*

PALM BEACH

SCHOKOLADENTÖRTCHEN MIT KOKOSSAUCE

CHOCOLATE TARTS WITH COCONUT CREAM

Den Backofen auf 180 °C vorheizen. 6 Souffléförmchen mit Butter ausstreichen. Die Zartbitter- und die Vollmilchschokolade fein hacken, in eine Schüssel geben und den Kaffee oder Espresso dazugießen. Den Zucker beigeben und das Ganze über dem Wasserbad schmelzen lassen. Das Vanilleschotenmark hinzufügen.

Die Masse kurz abkühlen lassen. Die Eier, das Mehl, den Kakao und das Backpulver mit den Quirlhaken eines Handrührgeräts darunterrühren. Kräftig rühren, bis die Masse die Konsistenz einer Mousse erhält.

Die Masse auf die Souffléförmchen verteilen und im Ofen 12 bis 15 Minuten backen. Inzwischen für die Kokossauce Sahne, Kokosnußcreme, Zucker, Vanilleschotenmark und Limonensaft gründlich verrühren. Die Törtchen aus dem Ofen nehmen, etwa 10 Minuten ruhen lassen, dann auf Teller stürzen und zusammen mit der Kokossauce servieren.

Für die Törtchen:

- *Butter für die Förmchen*
- *120 g Zartbitterschokolade*
- *100 g Vollmilchschokolade*
- *5 EL starker Kaffee oder Espresso*
- *60 g Puderzucker*
- *ausgekratztes Mark von 1 Vanilleschote*
- *3 Eier*
- *60 g Mehl*
- *2 TL Kakaopulver*
- *1 TL Backpulver*

Für die Kokossauce:

- *100 g Sahne*
- *200 g Kokosnußcreme*
- *3 EL brauner Zucker*
- *ausgekratztes Mark von 1 Vanilleschote*
- *Saft von $^1/_2$ Limone*

PALM BEACH

SCHOKOLADEN-BANANEN-KUCHEN

CHOCOLATE BANANA CAKE

Für den Kuchen:

- *400 g Vollmilchschokolade*
- *100 g weiche Butter*
- *4 große Eier*
- *2 EL Zucker*
- *1 TL Ahornsirup*
- *ausgekratztes Mark von 1 Vanilleschote*
- *1 Prise Salz*
- *Butter und Zucker für die Form*

Für die Füllung:

- *500 g reife Bananen*
- *50 ml frisch gepreßter Orangensaft*
- *2 EL Butter*
- *3 EL Zucker*
- *250 g Sahne*
- *2 EL Puderzucker*
- *1 TL brauner Rum*
- *4 EL Zartbitterschokolade, gerieben*

Die Vollmilchschokolade fein hacken, in eine Schüssel geben und im heißen Wasserbad schmelzen lassen. Sobald die Schokolade geschmolzen ist, die Butter teelöffelweise mit einem Schneebesen unter die Schokolade ziehen. Das Ganze unter ständigem Rühren erkalten lassen.

Den Backofen auf 180 °C vorheizen. Die Eier trennen. Die Eigelbe zusammen mit dem Zucker im Mixer cremig rühren. Den Ahornsirup und das Vanilleschotenmark unterrühren. Die Eiweiße zusammen mit dem Salz steif schlagen. Die Eigelbmasse unter die flüssige Schokoladenmasse mengen. Den Eischnee mit einem Schneebesen unterziehen. Eine Springform (ca. 24 cm Durchmesser) mit Butter ausstreichen und mit Kristallzucker ausstreuen. Die Masse in die Form füllen, glattstreichen und im Ofen etwa 30 Minuten backen. Anschließend herausnehmen und erkalten lassen.

PALM BEACH

Für die Füllung die Bananen schälen und in etwa 5 mm dicke Scheiben schneiden. Die Bananen mit dem Orangensaft übergießen, damit sie sich nicht verfärben. Die Butter und den Zucker in einen Topf geben, erhitzen und leicht karamelisieren lassen. Die Bananen beigeben und kochen, bis die ganze Bananen-Zucker-Buttermischung goldbraun ist, danach erkalten lassen.

Die Sahne zusammen mit dem Puderzucker steif schlagen und den Rum hinzufügen. Die Bananenfüllung auf dem Kuchen verteilen. Die Rum-Sahne in einen Spritzbeutel füllen und Sahnerosetten auf die Kuchenoberfläche spritzen. Zum Schluß das Ganze mit geriebener Zartbitterschokolade bestreuen. Den Kuchen bis zum Servieren kühl stellen.

Little Havanna

In Little Havanna, dem Zentrum der kubanischen Einwanderer, spielt sich das Leben auf südamerikanische Art ab, nämlich hauptsächlich im Freien. Häuser mit schmiedeeisernen Gittern und Stuckverzierungen erinnern an das alte Kuba. Englisch wird nur bruchstückhaft gesprochen. Hier werben sogar Burger King und Coca Cola auf spanisch. Und natürlich wird hier das Nachtleben mit Varietés, Nachclubs und Restaurants mit exzellenter kubanischer und kreolischer Küche großgeschrieben. Hier schlägt das Herz des alten Havanna. Es wird spanisch gesprochen und selbst der traditionsreiche amerikanische Hotdog heißt hier »perros calientes«.

GEFÜLLTE MAISKUCHEN MIT TOMATENSAUCE

FAJITOS ON THE GRILL WITH PICO DE GALLO

LITTLE HAVANNA

26

Für die Marinade Tomatensauce, gehackte Zwiebeln, Koriander, Chilischoten, Tequila, drei Viertel des Limonensaftes, Bier und Olivenöl in eine Schüssel geben und gut verrühren. Das Rotbarschfilet in Streifen schneiden und zusammen mit den Garnelen, den Hühnerbrüsten und dem Rindfleisch in die Marinade legen und darin etwa 2 Stunden marinieren lassen.

Inzwischen die Tomaten über Kreuz einritzen und für 15 Sekunden in kochendes Wasser tauchen. Mit einem Schaumlöffel aus dem Wasser heben, erkalten lassen, enthäuten und entkernen. Dabei vom Stielansatz befreien. Das Fruchtfleisch hacken, in eine Schüssel geben und Zwiebel, Knoblauch, Koriander, Limonensaft und Chilipulver hinzufügen. Alles gut vermengen und mit Salz und Pfeffer aus der Mühle abschmecken. Das Ganze beiseite stellen.

Den Backofengrill vorheizen. Das Rindfleisch und die Hühnerbrüste aus der Marinade nehmen, mit Salz und Pfeffer aus der Mühle würzen, auf ein Backblech legen und unter dem Grill in etwa 20 Minuten garen. Den Fisch und die Garnelen ebenfalls mit Salz und Pfeffer aus der Mühle würzen. Das Olivenöl in einer Pfanne erhitzen und beides darin garen. Das Fleisch aus dem Ofen nehmen und in Streifen schneiden. Die Tortillas kurz erwärmen.

Beide Fleischsorten, den Fisch und die Garnelen auf einer vorgewärmten, heißen Platte anrichten und mit den warmen Tortillas, der Tomatensauce, der Guacamole und mit saurer Sahne servieren. Nach Belieben können Sie dazu geriebenen Cheddarkäse und gehackte Zwiebeln reichen.

Für die Marinade:

- *400 g Tomatensauce (Fertigprodukt)*
- *2 rote Zwiebeln, fein gehackt*
- *1 Bd. frischer Koriander, fein gehackt*
- *3 Jalapeño-Chilischoten, fein gehackt*
- *50 ml Tequila*
- *Saft von 4 Limonen*
- *150 ml Bier*
- *5 EL Olivenöl*

Außerdem:

- *160 g Rotbarschfilet, ohne Haut und Gräten*
- *16 Riesengarnelen, ohne Schale und Darm*
- *600 g küchenfertige Hühnerbrüste*
- *600 g Rindersteak*
- *Salz, schwarzer Pfeffer aus der Mühle*
- *6 reife Tomaten*
- *1 Zwiebel, fein gehackt*
- *1 Knoblauchzehe, gepreßt*
- *1 Bd. frischer Koriander, fein gehackt*
- *2 EL Limonensaft*
- *1/2 TL Chilipulver*
- *16 Maispfannkuchen (Tortillas)*
- *200 g Guacamole (Rezept s.S. 94)*
- *200 g saure Sahne*

BANANEN-LINSEN-SALAT

BANANA LENTIL SALAD

150 g rote Linsen
150 g gelbe Linsen
Salz
1 rote Zwiebel
1 Knoblauchzehe
1 rote Paprikaschote
1/2 Bd. frischer Koriander
1/2 Bd. glatte Petersilie
130 ml Olivenöl
3 Bananen
4 EL Balsamicoessig
Pfeffer aus der Mühle

Die Linsen unter fließend kaltem Wasser abspülen und in reichlich Salzwasser in etwa 40 Minuten bißfest kochen. Unter kaltem Wasser abschrecken, gut abtropfen lassen und in eine Schüssel geben.

Die Zwiebel schälen und kleinschneiden. Den Knoblauch abziehen und durchpressen. Die Paprikaschote halbieren, entkernen, waschen und würfeln. Den Koriander und die Petersilie waschen, trockenschütteln und beides fein hacken. 3 Eßlöffel Olivenöl in einer Pfanne erhitzen und Zwiebeln, Knoblauch sowie Paprikaschote darin andünsten. Das Ganze erkalten lassen und zusammen mit den Kräutern zu den Linsen geben.

Die Bananen schälen und in kleine Würfel schneiden. Bananenwürfel, Balsamicoessig und restliches Olivenöl ebenfalls zu den Linsen geben und alles gut vermengen. Den Salat zum Schluß mit Salz und Pfeffer würzen.

LITTLE HAVANNA

ROTER GAZPACHO MIT CHILI

RED GAZPACHO

Die Kräuter waschen, trockenschütteln und fein hacken. Die Paprikaschoten halbieren, entkernen, waschen und klein würfeln. Die Zwiebeln schälen und in feine Würfel schneiden. Die Tomaten aus der Dose gut abtropfen lassen. Die halbe Salatgurke waschen und entkernen.

Kräuter, Paprikaschoten, Zwiebeln, Tomaten und Gurke vermischen und mit dem Mixer fein pürieren. In eine tiefe Schüssel geben, den Weißwein sowie das Chilipulver hinzufügen und mit Salz und schwarzem Pfeffer aus der Mühle würzen.

Das Ganze für mindestens 1 Stunde in den Kühlschrank stellen, dann kalt servieren.

1 EL frischer Koriander
1 TL frischer Thymian
1/2 Bd. Basilikum
3 rote Paprikaschoten
1 gelbe Paprikaschote
1 grüne Paprikaschote
2 rote Zwiebeln
300 g geschälte Tomaten aus der Dose
1/2 Salatgurke
4 EL trockener Weißwein
1 TL Chilipulver
Salz, schwarzer Pfeffer aus der Mühle

GRÜNE BOHNEN MIT SPECK

BAKED GREEN BEANS WITH BACON

Die Bohnen putzen, waschen und kleinschneiden. Die Zwiebeln und den Knoblauch schälen. Die Zwiebeln fein hacken, den Knoblauch durchpressen. Den Speck in dünne Streifen schneiden. In einer Pfanne die Butter und das Öl erhitzen und die Speckstreifen darin knusprig braten. Die Zwiebeln und den Knoblauch dazugeben, kurz mitdünsten, dann die Bohnen hinzufügen. Mit der Fleischbrühe ablöschen und mit Wasser so weit auffüllen, daß die Bohnen knapp mit Flüssigkeit bedeckt sind. Die Bohnen in etwa 25 Minuten weich kochen, dann aus dem Sud nehmen und den Sud auf ein Viertel einkochen lassen. Die Bohnen wieder in den Sud zurückgeben, gut umrühren. Das Ganze mit Salz und Pfeffer aus der Mühle würzen und servieren.

600 g grüne Bohnen
2 Zwiebeln
3 Knoblauchzehen
150 g Frühstücksspeck
3 EL Butter
4 EL Olivenöl
200 ml Fleischbrühe
Salz, schwarzer Pfeffer aus der Mühle

Romero Britto

SCHWARZE BOHNENSUPPE

LATIN BLACK BEAN SOUP

- 600 g schwarze Bohnen
- 1 Zwiebel
- 2 Knoblauchzehen
- 1 grüne Paprikaschote
- 200 g Tomaten
- 2 EL frischer Koriander, gehackt
- 4 EL Olivenöl
- 1,2 l Geflügelbrühe
- 1 Msp. Nelkenpulver
- 1 Msp. Zimtpulver
- Salz, Pfeffer
- 1 Ei, hartgekocht
- abgeriebene Schale von
- 1 unbehandelten Orange

Die Bohnen über Nacht in kaltem Wasser einweichen. Dann in einen Kochtopf geben, mit kaltem Wasser auffüllen und das Ganze aufkochen. Anschließend die Bohnen bei mittlerer Hitze in etwa 1 Stunde weich kochen. Die Hälfte der Bohnen in eine Schüssel geben und mit einem Kochlöffel zu Mus verarbeiten.

Die Zwiebel schälen und fein hacken. Die Knoblauchzehen abziehen und durchpressen. Die Paprikaschote halbieren, entkernen, waschen und in Würfel schneiden. Die Tomaten über Kreuz einritzen, heiß überbrühen und enthäuten. Den Stielansatz herausschneiden.

Zwiebel und Knoblauch zusammen mit dem Koriander im Olivenöl andünsten. Die Paprikaschote, das Bohnenmus, die ganzen Bohnen sowie die Tomaten beigeben. Mit Brühe aufgießen und das Ganze aufkochen lassen. Mit Nelken- sowie Zimtpulver würzen und die Suppe bei mittlerer Hitze etwa 30 Minuten köcheln lassen. Mit Salz und Pfeffer aus der Mühle würzen.

Das Ei pellen und fein hacken. Die Suppe in tiefe Teller füllen. Jede Portion mit gehacktem Ei und geriebener Orangenschale bestreuen.

LITTLE HAVANNA

GEGRILLTE HÜHNERBRUST MIT KORIANDER

GRILLED HAVANNA CHICKEN

Für die Tomatensauce die Zwiebeln schälen und fein hacken. Die Knoblauchzehen abziehen und durchpressen. Beides zusammen mit Tomaten, Olivenöl, Weißwein, Essig, Koriander, Kümmel sowie Zimt in eine Schüssel geben, darin gut verrühren und 4 bis 5 Stunden stehen lassen. Mit Salz und schwarzem Pfeffer aus der Mühle pikant würzen.

Den Backofengrill vorheizen. Die Hühnerbrüste kalt abspülen und trockentupfen. Limonensaft, Salz, Pfeffer, Koriander, Paprikapulver und Olivenöl gründlich verrühren. Die Hühnerbrüste rundherum mit der Mischung bestreichen. Dann auf ein Backblech legen und unter dem Grill knusprig braten. Dabei mehrmals mit der Marinade bestreichen.

Die kalte Tomatensauce dazu servieren und nach Belieben einen Blattsalat dazu reichen.

Für die Tomatensauce:

- 2 Zwiebeln
- 2 Knoblauchzehen
- 600 g reife Tomaten, geschält, entkernt und püriert
- 6 EL Olivenöl
- 5 EL Weißwein
- 1 TL Weißweinessig
- 2 EL frischer Koriander, fein gehackt
- 1/2 TL Kümmel
- 1/4 TL Zimtpulver
- Salz, Pfeffer

Für die Hühnerbrüste:

- 8 Hühnerbrüste à ca. 150 g
- Saft von 2 Limonen
- 2 TL Salz, Pfeffer
- 2 TL Korianderpulver
- 1 TL rosenscharfes Paprikapulver
- 5 EL Olivenöl

LITTLE HAVANNA

GEGRILLTES HÜHNCHEN IN RUMSAUCE

GRILLED CHICKEN IN RUM SAUCE

- 2 Limonen
- 1/2 Bd. Frühlingszwiebeln
- 1/2 Bd. frischer Koriander
- 4 Knoblauchzehen
- 500 g geschälte Tomaten aus der Dose, ohne Saft
- 100 ml Olivenöl
- 80 ml brauner Rum
- Salz, schwarzer Pfeffer aus der Mühle
- 8 frische Hühnerbrüste

Den Backofengrill vorheizen. Den Saft der beiden Limonen auspressen. Die Frühlingszwiebeln putzen, waschen und fein hacken. Den Koriander waschen, trockenschütteln und ebenfalls fein hacken. Den Knoblauch abziehen und durchpressen.

Die Tomaten mit einer Gabel zerdrücken. Dann zusammen mit 5 Eßlöffeln Olivenöl, 4 Eßlöffeln Rum, Knoblauch, Zwiebeln sowie Koriander in eine Schüssel geben und gut vermengen. Mit Salz und schwarzem Pfeffer aus der Mühle würzen.

Den restlichen Rum in einen tiefen Teller gießen. Die Hühnerbrüste waschen, trockentupfen, durch den Rum ziehen, mit Salz, schwarzem Pfeffer aus der Mühle sowie dem Limonensaft würzen und auf ein Backblech legen. Das Fleisch unter dem Grill etwa 30 Minuten garen. Während der Grillzeit die Hühnerbrüste zwei- bis dreimal mit der Tomatensauce bestreichen. Das Fleisch zusammen mit der Sauce servieren.

LITTLE HAVANNA

GARNELEN MIT MANGO

CAMARÓNES CON MANGO

- 2 unbehandelte Limonen
- 2 reife Mangos
- 1 Papaya
- 1 gelbe Paprikaschote
- 1 rote Paprikaschote
- 1 TL grüne Pfefferkörner
- 1 EL brauner Zucker
- Saft von 1 Orange
- 1 TL Salz
- 16 Riesengarnelen, ohne Darm und Schale
- Salz, schwarzer Pfeffer aus der Mühle
- 3 EL Olivenöl
- 100 ml brauner Rum

Die Limonen waschen, abtrocknen und die Schale jeweils fein abreiben, den Saft auspressen, Limonenreste beiseite stellen. Die beiden Mangos und die Papaya waschen, schälen, entkernen und das Fruchtfleisch in feine Würfel schneiden. Die Paprikaschote putzen, halbieren, entkernen, waschen und kleinschneiden. Die grünen Pfefferkörner fein hacken. Die Limonenschalen mit den Paprikaschoten und den Pfefferkörnern vermengen.

Limonensaft, Zucker und Orangensaft in eine kleine Pfanne geben und bei mittlerer Hitze auf die Hälfte einköcheln lassen. Die Limonenreste, das Salz sowie die Paprikaschoten hinzufügen und alles gut vermengen.

Die Garnelen mit Salz und schwarzem Pfeffer aus der Mühle würzen. Das Olivenöl erhitzen und die Garnelen darin anbraten. Die Mango- und die Papayawürfel dazugeben, das Ganze mit dem Rum ablöschen und die Paprikamischung hinzufügen. Alles in der Pfanne gut schwenken, auf kleinem Feuer gar ziehen lassen und nach Belieben nochmals mit Salz und Pfeffer aus der Mühle würzen.

LITTLE HAVANNA

ROTER SCHNAPPER MIT MACADEMIANUSSKRUSTE

MACADEMIA-CRUSTED RED SNAPPER

150 g Macademianüsse
150 g Semmelbrösel
2 Eier
700 g Filet vom Roten Schnapper, ohne Haut und Gräten
Salz, weißer Pfeffer aus der Mühle
120 g Mehl
150 ml Olivenöl
20 g Butter
400 g Blattspinat
2 Limonen

Die Macademianüsse im Mixer fein mahlen und zusammen mit den Semmelbröseln in eine Schüssel geben. Die Eier in einer Schüssel aufschlagen und verquirlen. Die Fischfilets mit Salz und weißem Pfeffer aus der Mühle würzen. Dann im Mehl wenden, durch die verquirlten Eier ziehen, gut abtropfen lassen und in der Nuß-Semmelbrösel-Mischung wenden.

Die Panade leicht andrücken. 4 Eßlöffel Olivenöl und die Butter in einer Pfanne erhitzen und die Fischfilets darin auf kleinem Feuer von beiden Seiten goldgelb braten. Aus der Pfanne nehmen, auf Küchenpapier gut abtropfen lassen.

Den Spinat putzen, waschen und trockenschleudern. Das restliche Olivenöl in einem Topf erhitzen und die Spinatblätter im heißen Öl leicht schwimmend backen. Mit einem Schaumlöffel aus dem Öl heben, gut abtropfen lassen und mit Salz würzen. Die Limonen in Schnitze schneiden.

Die Fischfilets auf 4 Tellern anrichten, Spinatblätter dazu arrangieren und alles mit Limonenschnitzen garnieren.

LITTLE HAVANNA

RINDERSTEAK MIT CHILI

BIFTEC CON JALAPEÑOS

Für die Steaks alle Gewürze miteinander in einer Schüssel vermengen. Die Steaks großzügig auf allen Seiten damit würzen. In einer Pfanne das Olivenöl erhitzen und die Steaks darin auf beiden Seiten scharf anbraten. Die Hitze reduzieren und die Steaks bis zur gewünschten Garstufe weiter braten.

Für die Sauce die Zwiebeln schälen und fein hacken. Den Knoblauch abziehen und durchpressen. Die Chilischoten halbieren, entkernen und kleinschneiden. Die Butter in einer Pfanne erhitzen und darin die Zwiebeln sowie den Knoblauch andünsten. Die Chilischoten hinzufügen und kurz mitdünsten. Mit dem Rotwein ablöschen und auf die Hälfte einkochen lassen. Dann die Fleischbrühe und die Sahne dazugießen. Den schwarzen Pfeffer und den Koriander hinzufügen. Das Ganze auf kleinem Feuer zu einer sämigen Sauce einkochen lassen.

Die Steaks auf 4 Tellern anrichten, jeweils mit etwas Sauce übergießen und servieren.

Tip: Jalapeño-Chilischoten stammen aus Mexiko. Ersatzweise können Sie auch eine andere Chilisorte verwenden.

Für die Steaks:

- *3 EL Salz*
- *1 TL grob gemahlener schwarzer Pfeffer*
- *1/2 TL Paprikapulver*
- *1/2 TL Kümmel*
- *1/2 TL Fenchelpulver*
- *1/2 TL Chilipulver*
- *4 Filetsteaks vom Rind à ca. 180 g*
- *3 EL Olivenöl*

Für die Sauce:

- *3 Zwiebeln*
- *2 Knoblauchzehen*
- *3 Jalapeño-Chilischoten*
- *3 EL Butter*
- *120 ml Rotwein*
- *300 ml Fleischbrühe*
- *80 g Sahne*
- *1 TL grob gemahlener schwarzer Pfeffer*
- *1/2 Bd. frischer Koriander, fein gehackt*

LITTLE HAVANNA

FISCHKÜCHLEIN MIT KORIANDERSAUCE

BAKED FISH CAKES WITH CORIANDER SAUCE

Die Garnelen und den Fisch fein hacken und in eine Schüssel geben. Die Mayonnaise, das Kartoffelpüree und das Eigelb dazu geben und alles gut vermengen.

Mit 1 Eßlöffel Koriander, Salz und Pfeffer aus der Mühle würzen. Aus der Masse kleine Kuchen formen und diese in den Semmelbröseln wenden.

2 Eßlöffel Butter und das Olivenöl in einer Pfanne erhitzen und die Küchlein darin auf beiden Seiten goldbraun braten.

LITTLE HAVANNA

Die Zwiebeln und den Knoblauch schälen, die Zwiebeln fein hacken, den Knoblauch durchpressen. Beides in einer Pfanne in 2 Eßlöffeln Butter andünsten. Dann die restliche Butter hinzufügen und schmelzen lassen. Die Worcestershiresauce und den restlichen Koriander dazu geben. Das Ganze mit dem Stabmixer fein pürieren, so daß eine dickflüssige Buttersauce entsteht. Mit Salz und Pfeffer abschmecken und vor dem Servieren Limonensaft sowie -schale unterrühren.

400 g gekochte Riesengarneln, ohne Schale und Darm
400 g Rotbarschfilet, gekocht
3 EL Mayonnaise
100 g Kartoffelpüree, fertig zubereitet
1 frisches Eigelb
2 EL frischer Koriander, fein gehackt
Salz und Pfeffer aus der Mühle
150 g Semmelbrösel
220 g Butter
3 EL Olivenöl
3 Zwiebeln
1 Knoblauchzehe
3 EL Worcestershiresauce
abgeriebene Schale und Saft von 1 Limone

Jakobsmuscheln mit Kaffeebohnen & Vanille

Scallops with Coffee & Vanilla

- 200 g Langkornreis
- Salz
- 1 kleine Vanilleschote
- 3 Zwiebeln
- 250 ml trockener Weißwein
- 1 EL Balsamicoessig
- 4 EL Sahne
- 70 g kalte Butter
- Pfeffer aus der Mühle
- 60 g Kaffeebohnen
- 3 TL schwarze Pfefferkörner
- 24 mittelgroße, frische Jakobsmuscheln
- 2 EL Olivenöl

In einem Topf 400 ml Wasser zusammen mit etwas Salz zum Kochen bringen, den Reis dazugeben und in etwa 20 Minuten weich kochen.

Die Vanilleschote kleinschneiden. Die Zwiebeln schälen und fein hacken. Zusammen mit der Vanilleschote und dem Weißwein in einen kleinen Kochtopf geben. Das Ganze aufkochen und zu einem Sirup einkochen lassen. Den Essig sowie die Sahne dazugießen und alles zu einer sämigen Sauce kochen. 4 Eßlöffel Butter in kleinen Würfeln hinzufügen und mit Salz und Pfeffer aus der Mühle abschmecken. Die Sauce durch ein Sieb passieren und warm stellen.

Die Kaffeebohnen mittelfein mahlen und in eine Schüssel geben. Die Pfefferkörner ebenfalls mahlen, zusammen mit 1/2 Teelöffel Salz hinzufügen und das Ganze gut vermengen. Die Jakobsmuscheln unter fließend kaltem Wasser gut putzen, mit Küchenpapier abtrocknen und mit der Kaffeemischung würzen.

Das Olivenöl und die restliche Butter in einer Teflonpfanne erhitzen und die Jakobsmuscheln darin auf beiden Seiten kurz anbraten. Bei schwacher Hitze gar ziehen lassen.

Jeweils etwas Sauce auf 4 tiefe Teller verteilen, die Jakobsmuscheln daraufsetzen und zusammen mit dem Reis servieren.

Tip:

Als Garnitur eignen sich in Öl gebackene und gesalzene Spinatblätter.

LITTLE HAVANNA

BANANENPUDDING MIT ROSINEN-RUM-SAUCE

BANANA FLAN WITH RAISIN RUM SAUCE

Den Backofen auf 160 °C vorheizen. Für den Pudding die Bananen schälen und im Mixer fein pürieren. Die Eier verquirlen, Sahne, 100 g Zucker, Mandelessenz sowie Bananenlikör hinzufügen und alles gut verrühren. Die pürierten Bananen dazugeben. 4 Puddingförmchen mit Butter ausstreichen und mit Kokosraspeln und dem restlichen Zucker ausstreuen. Die Masse in die Förmchen füllen und diese auf ein mit heißem Wasser gefülltes, hochrandiges Backblech stellen. Das Blech in den Ofen schieben und den Pudding etwa 1 Stunde garen. Aus dem Ofen nehmen und erkalten lassen.

Für die Sauce den Zucker mit den Eigelben kräftig verrühren. Die Milch, die Sahne und die Kokosmilch zusammen aufkochen. Die Eigelbmischung unterziehen. Die Vanilleschote längs aufschneiden, den Samen auskratzen und zu der Flüssigkeit geben. Unter starkem Rühren kochen, bis die Masse dickflüssig ist. Den Rum und die Rosinen hinzufügen und das Ganze erkalten lassen.

Den Pudding aus den Förmchen auf Teller stürzen, jeweils mit etwas Rosinen-Rum-Sauce umgießen und mit den Schokoladenraspeln und den Pfefferminzblättern garnieren.

Für den Pudding:

2 reife Bananen
8 Eier
700 g Sahne
130 g Zucker
1 TL Mandelessenz
50 ml Bananenlikör
2 EL Butter
100 g Kokosraspel

Für die Sauce:

140 g Zucker
4 frische Eigelbe
180 ml Milch
100 g Sahne
100 g Kokosnußmilch
1 Vanilleschote
60 ml brauner Rum
80 g Rosinen

Außerdem:

Butter für die Förmchen
50 g Schokoladenraspel
4 Pfefferminzblätter

LITTLE HAVANNA

MANGOMOUSSE MIT MARACUJA

MANGO MOUSSE WITH PASSION FRUIT

Die Mangos schälen, das Fruchtfleisch jeweils vom Stein lösen und dann fein pürieren. Den Limonensaft und den Zucker zum Mangopüree geben. Die Gelatine in kaltem Wasser einweichen, bis sie elastisch weich ist. Herausnehmen, ausdrücken und zusammen mit wenig Wasser in einer kleiner Schüssel im Wasserbad schmelzen lassen. Die flüssige Gelatine mit Hilfe eines Schneebesens unter das Mangopüree rühren.

Die Eiweiße zusammen mit dem Salz zu steifem Schnee schlagen. Die Sahne ebenfalls steif schlagen. Sahne und Eischnee abwechselnd unter das Mangopüree ziehen, bis beide Zutaten verbraucht sind. Das Ganze in eine Schüssel füllen, mit Klarsichtfolie abdecken und für mindestens 4 bis 5 Stunden in den Kühlschrank stellen.

Die Maracujas aufschneiden, das Fruchtfleisch und die Fruchtkerne auslösen und in einer Schüssel mit dem Puderzucker vermischen. 4 Pfefferminzblätter in Streifen schneiden und daruntermengen. Von der Mousse mit Hilfe eines heißen Eßlöffels Nocken abstechen und auf 4 Tellern anrichten. Jeweils mit der Maracujamasse garnieren, mit Kokosflocken bestreuen und mit je 1 Blatt Pfefferminze dekorieren.

5 reife Mangos
Saft von 2 Limonen
6 EL Zucker
1 1/2 Blätter Gelatine
3 frische Eiweiß
1 Msp. Salz
200 g Sahne
4 Maracujas
2 TL Puderzucker
8 Blätter Pfefferminze
Kokosflocken zum Bestreuen

LITTLE HAVANNA

MILCHKAFFEE-PUDDING

CAFÉ CON LECHE CUSTARD

5 frische Eigelbe
150 g Zucker
350 ml Milch
150 g Sahne
100 ml Espresso
1/2 Vanilleschote
4 EL Rum
1 EL Puderzucker

Den Backofen auf 170 °C vorheizen. Die Eigelbe zusammen mit 125 g Zucker schaumig schlagen. Die Milch, die Sahne sowie den Espresso hinzufügen. Die Vanilleschote längs aufschlitzen und das Mark herauskratzen. Zusammen mit dem Rum zu der Eier-Milch-Masse geben und das Ganze gut verrühren.

Die Masse in 4 Auflaufförmchen füllen und diese auf ein hochrandiges, etwa 1 cm hoch mit Wasser gefülltes Backblech stellen. Das Ganze im Ofen in 45 bis 50 Minuten stocken lassen. Dann aus dem Ofen nehmen und erkalten lassen. Den Backofen auf Oberhitze einstellen. Die Oberfläche des Puddings mit dem restlichen Zucker bestreuen und diesen im Ofen bei starker Oberhitze einige Minuten karamelisieren lassen.

Aus dem Ofen nehmen, abkühlen lassen und mit Puderzucker bestäubt servieren.

LITTLE HAVANNA

Panhandle BBQ

Kolonialgeschichte spiegelt sich nicht nur in der Form der Nordgrenze Floridas sondern auch in der Architektur dieses Landstrichs. Wer sich für klassische Südstaatenarchitektur interessiert, kommt hier auf seine Kosten. Aber an der Nordküste des Golfs von Mexiko laden auch traumhafte weiße Sandstrände und einsame Dünen zum Baden und Erholen ein.

Der Norden Floridas ist ganz anders, als man erwartet: Provinzialität im besten Sinne wird hier gelebt. Kulturelle Unstimmigkeiten und hektische Betriebsamkeit werden nicht gern gesehen. Dagegen erinnern Reste alter Südstaatenherrlichkeit wie prächtige Villen mit Terrassen und Säulenvorbau, Plantagenhäuser und schmiedeeiserne Balkone an »Vom Winde verweht«. Was könnte diesen Eindruck besser abrunden als ein klassisches Barbecue?

Hier an der Grenze zu Alabama und Georgia hat sich der Südstaatencharakter Floridas erhalten. Denkt man sich die Autos und Bootsmotoren weg, fühlt man sich in das Florida des ausgehenden 19. Jahrhunderts zurückversetzt.

ERDNUSS-CHILI-SUPPE

PEANUT CHILI SOUP

Die Knoblauchzehen abziehen und durchpressen. Die Zwiebel schälen und in feine Würfel schneiden. Die Jalapeño-Chilischote waschen, halbieren und entkernen. Die Petersilie waschen, trockenschütteln und fein hacken. Den Saft der Limone auspressen und beiseite stellen.

Das Olivenöl erhitzen und den Knoblauch und die Zwiebelwürfel darin andünsten. Die Chilischote kleinschneiden, hinzufügen und das Mehl darüberstäuben. Gut umrühren und die Sahne und die Milch dazugießen. Erdnüsse, Erdnußbutter sowie Petersilie dazugeben, das Ganze aufkochen und etwa 15 Minuten köcheln lassen. Mit Salz, schwarzem Pfeffer aus der Mühle und dem Limonensaft würzen.

3 Knoblauchzehen
1 Zwiebel
1 Jalapeño-Chilischote
1/2 Bd. glatte Petersilie
1 Limone
3 EL Olivenöl
1 TL Mehl
150 g Sahne
700 ml Milch
100 g Erdnüsse, frisch geröstet
400 g Erdnußbutter
Salz, schwarzer Pfeffer aus der Mühle

PANHANDLE BBQ

ERDNUSS-SUPPE MIT GEFLÜGEL

PEANUT SOUP WITH CHICKEN

1 Zwiebel
2 Knoblauchzehen
1 EL Olivenöl
1 TL Mehl
2 TL frischer Ingwer, fein gerieben
600 ml Geflügelbrühe
250 ml Milch
250 g Sahne
5 EL Erdnußbutter
3 TL Limonensaft
Salz, Pfeffer
2 Hühnerbrüste, gekocht und ohne Knochen
2 EL Maiskörner, gekocht
100 g gesalzene Erdnüsse
2 EL Petersilie, gehackt

Die Zwiebel und den Knoblauch schälen, Zwiebel fein hacken, Knoblauch durchpressen. Das Olivenöl in einem Topf erhitzen und Knoblauch sowie Zwiebel darin scharf anbraten. Das Mehl dazusieben, den Ingwer beigeben und das Ganze gut verrühren. Die Geflügelbrühe, die Milch und die Sahne dazugießen.

Die Erdnußbutter einrühren und die Suppe bei mittlerer Hitze etwa 15 Minuten köcheln lassen. Anschließend im Mixer fein pürieren und mit Limonensaft, Salz und schwarzem Pfeffer aus der Mühle würzen. Nochmals aufkochen lassen.

Das Hühnerfleisch in Streifen schneiden und zusammen mit den Maiskörnern und den Erdnüssen als Einlage auf 4 Teller verteilen. Jeweils etwa 2 Schöpflöffel Suppe darübergeben. Die Erdnußsuppe mit gehackter Petersilie bestreuen.

PANHANDLE BBQ

KOHLSALAT

CREAMY COLE SLAW

Milch, Apfelessig, Zucker, Selleriesamen, Pfeffer, Mayonnaise sowie Salz in einer Schüssel kräftig verrühren.

Den Weißkohl putzen, waschen und in feine Streifen schneiden. Die Karotten putzen, schälen und in kleine Stifte schneiden. Den Staudensellerie putzen, waschen und in dünne Streifen schneiden.

Das Gemüse zu der Mayonnaise-Mischung geben und alles gut vermengen. Mit Salz und Pfeffer aus der Mühle würzen.

- *180 ml Milch*
- *4 EL Apfelessig*
- *1 EL Zucker*
- *1/4 TL Selleriesamen, gemahlen*
- *weißer Pfeffer aus der Mühle*
- *150 g Mayonnaise*
- *1 TL Salz*
- *600 g Weißkohl*
- *2 mittelgroße Karotten*
- *1/2 Staudensellerie*

MAKKARONISALAT MIT ZWIEBELN

MACARONI SALAD

Die Makkaroni in reichlich Salzwasser weich kochen, dabei das Olivenöl zugeben. Kalt abschrecken, gut abtropfen lassen und in eine Schüssel geben.

Die Erbsen in Salzwasser 3 Minuten kochen. Ebenfalls kalt abschrecken, abschütten und zu den Makkaroni geben.

Den Käse in kleine Würfel schneiden. Die Zwiebel schälen und fein hacken. Den Schnittlauch waschen, trockenschütteln und fein schneiden. Zusammen mit Käse, Zwiebel, Knoblauch, Schnittlauch, Mayonnaise sowie Joghurt zu den Makkaroni geben. Alles gut vermengen. Den Salat mit Salz und Pfeffer aus der Mühle würzen.

- *400 g Makkaroni*
- *Salz*
- *3 EL Olivenöl*
- *200 g Erbsen*
- *150 g Monterey Jack-Käse*
- *(ersatzweise Cheddar)*
- *1 rote Zwiebel*
- *1 Knoblauchzehe, gepreßt*
- *1/2 Bd. Schnittlauch*
- *100 g Mayonnaise*
- *100 g Naturjoghurt*
- *schwarzer Pfeffer aus der Mühle*

Romero
©1990

GEBACKENE BOHNEN MIT WHISKEY & KÄSE

DOUBLE JACK BEANS

- 2 Zwiebeln
- 3 Tomaten
- 4 Knoblauchzehen
- 3 EL Butter
- 500 g Schweinehackfleisch
- 3 EL Tomatenpüree aus der Dose
- 400 ml Rotwein
- 250 ml Fleischbrühe
- 1 TL Zucker
- 3 TL Senf
- 1 TL Chilipulver
- 600 g schwarze Bohnen, gekocht
- 80 ml Whiskey (z.B. Jack Daniel's)
- 120 g Monterey Jack-Käse (ersatzweise Cheddar)
- Salz, schwarzer Pfeffer aus der Mühle
- 1 Spritzer Tabasco

Die Zwiebeln schälen und fein hacken. Die Tomaten waschen, vom Stielansatz befreien und das Fruchtfleisch grob würfeln. Den Knoblauch abziehen und durchpressen. Die Butter in einer Pfanne erhitzen und die Zwiebeln und den Knoblauch darin andünsten. Das Fleisch dazugeben und mitbraten.

Die Tomaten und das Tomatenpüree hinzufügen, mit dem Rotwein ablöschen und etwa 5 Minuten einkochen lassen. Dann die Fleischbrühe angießen, aufkochen lassen und Zucker, Senf, Chilipulver, Bohnen und die Hälfte des Whiskeys dazugeben. Auf kleinem Feuer das Ganze etwa 25 Minuten köcheln lassen.

Den Käse und den restlichen Whiskey hinzufügen, alles weitere 10 Minuten kochen lassen. Mit Salz, schwarzem Pfeffer aus der Mühle und einem Spritzer Tabasco würzen und servieren.

PANHANDLE BBQ

KARTOFFELSALAT

POTATO SALAD

- *600 g Kartoffeln*
- *Salz*
- *80 g Frühstücksspeck*
- *1 Stange Lauch*
- *100 g Staudensellerie*
- *3 Zwiebeln*
- *1 rote Paprikaschote*
- *1/2 Bund glatte Petersilie*
- *3 EL Butter*
- *200 ml Fleischbrühe*
- *2 TL Senf*
- *3 Knoblauchzehen, gepreßt*
- *150 g Mayonnaise*
- *50 ml Milch*
- *schwarzer Pfeffer aus der Mühle*

Die Kartoffeln in reichlich Salzwasser weich kochen. Das Wasser abschütten, die Kartoffeln pellen und in Scheiben schneiden. Den Speck in Streifen schneiden. Den Lauch putzen, längs aufschneiden, waschen und in Scheiben schneiden. Den Sellerie putzen, waschen und ebenfalls in feine Scheibchen schneiden. Die Zwiebeln schälen und fein hacken. Die Paprikaschote halbieren, entkernen, waschen und das Fruchtfleisch in Würfel schneiden. Die Petersilie waschen, trockenschütteln und fein hacken.

Die Butter zerlassen, den Speck und den Lauch darin andünsten. Die Fleischbrühe und den Senf hinzufügen und alles aufkochen lassen. Die heiße Flüssigkeit über die Kartoffeln geben, das Ganze gut vermengen und erkalten lassen.

Sellerie, Zwiebeln, Knoblauch, Paprikaschote, Petersilie, Mayonnaise sowie Milch zu den Kartoffeln geben. Alles gut vermengen, mit Salz und schwarzem Pfeffer aus der Mühle abschmecken und servieren.

PANHANDLE BBQ

GEGRILLTE SCHWEINERIPPCHEN

ALL AMERICAN SPARERIBS

- *2 Zwiebeln*
- *4 Knoblauchzehen*
- *2 EL Olivenöl*
- *400 g Tomatenketchup*
- *120 ml Weißweinessig*
- *50 ml Worcestershiresauce*
- *80 g Zucker*
- *3 EL geröstetes Sesamöl*
- *2 TL Chilipulver*
- *1 TL Cayennepfeffer*
- *3 kg Schweinerippchen*
- *Salz, schwarzer Pfeffer aus der Mühle*

Den Backofengrill vorheizen. Die Zwiebeln schälen und fein hacken. Die Knoblauchzehen abziehen und durchpressen. Das Olivenöl in einer Pfanne erhitzen und die Zwiebeln und den Knoblauch darin andünsten. Ketchup, Essig, Worcestershiresauce, Zucker, Sesamöl und die Gewürze dazugeben und alles aufkochen lassen. Auf kleinem Feuer zu einer dickflüssigen Sauce einkochen lassen.

Die Schweinerippchen mit Salz und schwarzem Pfeffer aus der Mühle würzen, auf ein Backblech legen und bei sanfter Hitze 40 bis 45 Minuten unter dem Grill braten. Dann herausnehmen, mit der Sauce einstreichen und weitere 20 Minuten bei stärkster Hitze grillen. Dabei das Fleisch mehrmals mit der Sauce bestreichen.

Aus dem Ofen nehmen und in Stücke von jeweils mehreren Rippen schneiden. Zusammen mit der restlichen Sauce servieren.

PANHANDLE BBQ

GEGRILLTE CALAMARES MIT WASSERMELONENSALAT

GRILLED CALAMARIES WITH WATERMELON SALAD

Den Backofengrill vorheizen. Den Friséesalat putzen, zerteilen, waschen, gut abtropfen lassen und in eine Schüssel geben. Die Wassermelone schälen, das Fruchtfleisch in kleine Würfel schneiden und zum Salat geben.

- *1 Kopf Friséesalat*
- *500 g Wassermelone*
- *1 Zweig Estragon*
- *Saft von 1 Zitrone*
- *120 ml Olivenöl*
- *2 TL schwarze Sesamkörner*
- *Salz, schwarzer Pfeffer aus der Mühle*
- *1 Knoblauchzehe*
- *1 Zweig Thymian*
- *750 g frische Calamares*

Für das Dressing den Estragon waschen, trockenschütteln und fein hacken. Zusammen mit dem Zitronensaft, 5 Eßlöffeln Olivenöl sowie den Sesamkörnern in eine Schüssel geben, gut verrühren und mit Salz und Pfeffer aus der Mühle würzen. Das Dressing über den Salat geben und alles gut vermengen.

PANHANDLE BBQ

Den Knoblauch schälen und fein hacken. Den Thymian waschen, trockenschütteln und ebenfalls fein hacken. Den Knoblauch, den Thymian und das restliche Olivenöl gut vermischen. Die Calamares waschen, trockentupfen, mit Salz und schwarzem Pfeffer aus der Mühle würzen, in der Marinade wenden und auf ein Backblech legen. Das Backblech in den Ofen schieben und die Calamares unter dem Grill gar ziehen lassen. Aus dem Ofen nehmen.

Den Salat auf 4 Tellern anrichten und die gegrillten Calamares dazulegen.

SCHARFGEWÜRZTE HÄHNCHENFLÜGEL

BBQ CHICKEN WINGS

Den Backofengrill vorheizen. Die Hähnchenflügel waschen und trockentupfen. Die Zwiebel schälen und fein hacken. Die Knoblauchzehen abziehen und durchpressen. Die Chilischote halbieren, entkernen und sehr klein schneiden. Die Zitronen auspressen.

- *35–40 Hähnchenflügel*
- *1 kleine Zwiebel*
- *2 Knoblauchzehen*
- *1/2 Chilischote*
- *2 Zitronen*
- *1 EL Olivenöl*
- *2 EL frischer Ingwer, fein gehackt*
- *50 ml Sojasauce*
- *2 TL braunes Sesamöl*
- *Salz, schwarzer Pfeffer aus der Mühle*

Das Olivenöl in einer Pfanne erhitzen und die Zwiebel und den Knoblauch darin andünsten. Ingwer, Chilischote und Sojasauce hinzufügen. Mit dem Sesamöl würzen und alles kurz aufkochen lassen. Dann den Zitronensaft dazugießen und das Ganze mit Salz und Pfeffer aus der Mühle würzen.

Die Hähnchenflügel mit Salz und Pfeffer aus der Mühle würzen, auf ein Backblech legen und unter dem Grill etwa 5 Minuten garen. Aus dem Ofen nehmen, in der Marinade wenden und sofort servieren.

PANHANDLE BBQ

GEGRILLTES HÜHNCHEN MIT CHILI, HONIG & SENF

GRILLED JALAPEÑO-HONEY-MUSTARD CHICKEN

Die Chilischote längs aufschneiden, entkernen und fein hacken. Zusammen mit Orangenmarmelade, Senf, Honig und Sojasauce in eine Schüssel geben und gut vermengen.

Die Hühnerbrüste waschen und trockentupfen. Das Fleisch für mindestens 1 Stunde in die Marinade legen und währenddessen zwei- bis dreimal darin wenden.

Den Backofengrill vorheizen. Das Hühnerfleisch aus der Marinade nehmen, mit Salz und Pfeffer aus der Mühle würzen, im Öl wenden und unter dem Grill gar ziehen lassen.

Tip:
So zubereitetes Hühnerfleisch eignet sich auch vorzüglich zu einem Geflügelsalat.

- *1/2 Jalapeño-Chilischote*
- *150 g Orangenmarmelade*
- *50 g Senf*
- *5 EL Honig*
- *1 EL Sojasauce*
- *4 frische Hühnerbrüste*
- *Salz, schwarzer Pfeffer aus der Mühle*
- *4 EL Olivenöl*

PANHANDLE BBQ

KALBSKOTELETTS MIT TOMATEN UND ANANAS

VEAL CHOPS WITH TOMATOES & PINEAPPLE

- *3 Knoblauchzehen*
- *200 ml brauner Rum*
- *60 ml Ananassaft*
- *Salz, schwarzer Pfeffer aus der Mühle*
- *4 Kalbskoteletts à ca. 240 g*
- *1 reife Ananas*
- *12 getrocknete, eingelegte Tomaten*
- *1 kleine rote Paprikaschote*
- *1 kleine Chilischote*
- *2 rote Zwiebeln*
- *1 Bd. frischer Koriander*
- *1 TL brauner Zucker*
- *Saft von 1 Limone*

Die Knoblauchzehen schälen und durchpressen. Zusammen mit dem braunen Rum und dem Ananassaft in eine Schüssel geben, mit Salz und schwarzem Pfeffer aus der Mühle würzen. Die Kalbskoteletts für 30 Minuten in die Marinade legen.

Den Backofengrill vorheizen. Die Ananas schälen, vierteln und den Strunk entfernen. Das Fruchtfleisch in kleine Würfel schneiden und in eine Schüssel geben. Die Tomaten in Streifen schneiden. Die Paprika- und die Chilischote halbieren, entkernen, waschen und fein hacken. Die Zwiebeln schälen und in feine Würfel schneiden. Den Koriander waschen, trockenschütteln und die Blätter fein hacken.

Tomaten, Chilischote, Zwiebeln und Paprikaschote zu den Ananasstücken geben. Das Ganze gut vermengen und mit Koriander, braunem Zucker, Limonensaft, Salz sowie schwarzem Pfeffer aus der Mühle würzen.

Die marinierten Kalbskoteletts auf ein Backblech legen und das Fleisch unter dem Grill von beiden Seiten etwa 10 Minuten garen. Zusammen mit dem Ananas-Tomaten-Salat auf 4 Tellern anrichten und servieren.

PANHANDLE BBQ

MARINIERTES SCHWEINEKOTELETT MIT BANANENCHUTNEY

CRUSTED PORK WITH BANANA CHUTNEY

4 Schweinekoteletts à ca. 250 g
Salz, schwarzer Pfeffer aus der Mühle
2 Knoblauchzehen
3 TL Fenchelsamen
3 TL Kümmelsamen
3 EL Olivenöl
1/2 TL Zimtpulver
1 TL Korandersamen, gemahlen
1/4 TL Paprikapulver
1 TL Chilipulver
3 reife Bananen
40 g Zucker
Saft von 1 Zitrone
100 g Naturjoghurt
4 Blatt frische Pfefferminze, fein gehackt
1 TL rote Paprikaflocken (scharf)
6 frische Datteln

Den Backofengrill vorheizen. Das Fleisch mit Salz und Pfeffer aus der Mühle würzen. Den Knoblauch abziehen und durchpressen. Fenchel- und Kümmelsamen fein hacken. In einer Schüssel zusammen mit dem Olivenöl, dem Knoblauch und den restlichen Gewürzen verrühren. Das Fleisch rundherum großzügig mit der Sauce bestreichen, auf ein Backblech legen und unter dem Grill etwa 20 Minuten von beiden Seiten garen.

Inzwischen für das Chutney die Bananen schälen, in Würfel schneiden und in eine Schüssel geben. Zucker, Zitronensaft, Joghurt, Pfefferminze und Paprikaflocken dazu geben und das Ganze mit Salz und Pfeffer aus der Mühle würzen. Die Datteln halbieren, entsteinen, vierteln und unter das Chutney mengen.

Die Koteletts aus dem Ofen nehmen, zusammen mit dem Chutney auf 4 Tellern anrichten und servieren.

Tip:
Paprikaflocken erhalten Sie in Gewürzhandlungen und in gut sortierten Supermärkten.

GEGRILLTES SCHWEINEFLEISCH MIT KORIANDER & SENF

PUERTO RICAN STYLE BBQ PORK

- *4 Knoblauchzehen*
- *1 Zwiebel*
- *1 unbehandelte Orange*
- *4 TL Kümmelpulver*
- *2 TL Paprikapulver*
- *3 EL Ahornsirup*
- *1 TL Koriandersamen, gemahlen*
- *3 TL schwarzer Pfeffer, grob gemahlen*
- *4 TL Salz*
- *3 EL Senf*
- *3 TL Chilipulver*
- *4 EL Olivenöl*
- *1 kg Schweinehals*

Die Knoblauchzehen abziehen und durchpressen. Die Zwiebel schälen und fein hacken. Die Orange gut waschen, trockentupfen und die Schale fein abreiben. Zusammen mit den restlichen Zutaten bis auf das Fleisch in eine Schüssel geben und alles gut vermengen.

Den Schweinehalsbraten mit der Marinade einreiben und mindestens 1 Stunde ziehen lassen. Den Backofengrill vorheizen.

Das Fleisch auf ein Backblech legen und unter dem Grill etwa 1 Stunde von allen Seiten braten. Dabei die erste 1/2 Stunde bei schwacher Hitze, die letzte 1/2 Stunde bei starker Hitze knusprig grillen. Währenddessen mehrmals mit der Marinade bestreichen.

Aus dem Ofen nehmen und servieren. Als Beilage eignen sich Ofenkartoffeln und gebackene Bohnen mit Whiskey & Käse (Rezept s. S. 50).

PANHANDLE BBQ

TROPISCH GEWÜRZTE RIESENGARNELEN

TROPICAL BARBECUED SHRIMPS

Für die Barbecuesauce das Olivenöl erhitzen, den Zucker beigeben und hellbraun karamelisieren lassen. Die Zwiebeln und den Knoblauch beigeben und das Ganze gut vermengen. Die Tomaten sowie Orangensaft und -schale hinzufügen und die Mischung etwa 10 Minuten köcheln lassen. Dann Limonensaft, Honig, Kokosmilch, Koriander, Tabasco und Cayennepfeffer untermengen. Die Sauce mit Salz und schwarzem Pfeffer aus der Mühle würzen.

Die Ananas schälen, den Strunk entfernen und das Fruchtfleisch in kleine Würfel schneiden. Die Mango schälen, das Fruchtfleisch mit einem scharfen Messer vom Stein lösen und in kleine Würfel schneiden. Die Ananas und die Mango zur Sauce geben und alles gut vermengen. Mit Kümmelpulver und einer Prise Zimt würzen.

Für die Marinade die Orangen auspressen, den Knoblauch schälen, klein hacken und zusammen der Frühlingszwiebel und der Sojasauce in eine Schüssel geben. Die Riesengarnelen in die Marinade legen, gut darin wenden und für mindestens 1 Stunde marinieren lassen.

Die Garnelen aus der Marinade nehmen und gut abtropfen lassen. Olivenöl und Butter erhitzen, die Garnelen scharf darin anbraten. Die Zwiebel und die Paprikaschote zufügen und mitbraten. Die Marinade und die Barbecuesauce gut vermengen. Die Garnelen auf 4 Tellern anrichten. Die Barbecuesauce getrennt dazu servieren. Als Beilage eignen sich Maispfannkuchen oder Reis.

Für die Barbecuesauce:

- *3 EL Olivenöl*
- *2 EL brauner Zucker*
- *2 Zwiebeln, fein gehackt*
- *2 Knoblauchzehen, gepreßt*
- *3 Tomaten, geschält und gehackt*
- *Saft und abgeriebene Schale von 1 Orange*
- *Saft von 2 Limonen*
- *4 EL Honig*
- *100 ml Kokosmilch*
- *3 EL frischer Koriander, fein gehackt*
- *1 TL Tabasco*
- *1/2 TL Cayennepfeffer*
- *Salz, Pfeffer aus der Mühle*
- *1 reife Ananas*
- *1 reife Mango*
- *1 Msp. Kümmelpulver*
- *1 Prise Zimtpulver*

Für die Marinade:

- *4 Orangen*
- *3 Knoblauchzehen*
- *1 Frühlingszwiebel, fein gehackt*
- *6 EL Sojasauce*

Für die Riesengarnelen:

- *12 Riesengarnelen, ohne Darm*
- *5 EL Olivenöl*
- *3 EL Butter*
- *1 große Zwiebel, fein gehackt*
- *1 grüne Paprikaschote, fein gehackt*

PANHANDLE BBQ

KIRSCHKUCHEN

CHERRY PIE

- *250 g Graham-Cracker*
- *oder ersatzweise Spekulatiuskekse*
- *150 g Butter*
- *450–500 g Kirschen, entsteint*
- *3 EL Mehl*
- *350 g Zucker*
- *1 Prise Salz*
- *50 g Mandeln, grob gehackt*
- *120 g Sahne*
- *80 g Zartbitterschokolade, grob gehackt*
- *3 EL Whiskey (z.B. Jack Daniel's)*

Den Backofen auf 180 °C vorheizen. Die Cracker oder Kekse im Mixer fein zermahlen und in eine Schüssel geben. 100 g Butter schmelzen, erkalten lassen. Bis auf 3 Eßlöffel die gesamte Butter unter die Keksbrösel rühren.

Den Boden einer Springform von etwa 24 cm Durchmesser mit den Bröseln belegen, mit einem kleinen Löffel gleichmäßig verteilen und gut andrücken. Einen etwa 2,5 cm hohen Rand andrücken. Den Boden im Ofen 8 bis 10 Minuten backen. Dann herausnehmen und erkalten lassen.

Die Kirschen in eine Schüssel geben, mit dem Mehl bestäuben und Zucker, Salz, Mandeln, Sahne, restliche Butter, Schokolade und Whiskey hinzufügen. Das Ganze gut vermengen, in die Springform füllen und weitere 40 bis 45 Minuten backen.

Aus dem Ofen nehmen, den Tortenring entfernen, den Kuchen anschneiden und zusammen mit Rumsauce servieren.

RUMSAUCE

RUM SAUCE

- *120 ml Milch*
- *120 g Sahne*
- *ausgekratztes Mark von 1 Vanilleschote*
- *2 frische Eigelbe*
- *80 g Zucker*
- *5 EL brauner Rum*

Die Milch und die Sahne in einem Topf erhitzen. Vanilleschotenmark, Eigelbe und Zucker in einer Schüssel schaumig rühren.

Die heiße Sahnemilch unter Rühren zur Eiermasse geben. Das Ganze gut vermengen, dabei den Rum untermischen. Die Sauce zurück in den Topf gießen und bei milder Hitze einkochen lassen. So lange kochen, bis die Sauce dickflüssig wird, dabei mehrmals umrühren. Anschließend erkalten lassen.

PFIRSICHKUCHEN MIT PEKANNUSS

PEACH CAKE WITH PECAN

Den Backofen auf 180°C vorheizen. Eine Springform von etwa 24 cm Durchmesser mit Butter ausstreichen und mit Mehl ausstäuben. Die Pfirsiche schälen, halbieren, entsteinen und das Fruchtfleisch in Spalten schneiden. Die Butter und den Zucker in eine Schüssel geben und darin zu einer cremigen Masse verrühren. Die Eier verquirlen und nach und nach unter die Buttermischung rühren.

PANHANDLE BBQ

Mehl, Salz, Backpulver und Zimtpulver in eine zweite Schüssel sieben, vermischen und dann unter ständigem Rühren eßlöffelweise unter die Butter-Eier-Masse rühren. Milch, Pfirsiche, Pekannüsse sowie die Rosinen hinzufügen und das Ganze gut vermengen.

Den Teig in die Form füllen, glattstreichen und im Ofen 35 bis 40 Minuten backen. Anschließend herausnehmen, den Tortenring entfernen und den Kuchen abkühlen lassen. Nach Belieben zusammen mit geschlagener Sahne oder Rumsauce (Rezept s. S. 63) servieren.

Butter und Mehl für die Form
400 g reife Pfirsiche
300 g weiche Butter
375 g Zucker
3 große Eier
250 g Mehl
1 TL Salz
1 TL Backpulver
1 TL Zimtpulver
2 EL Milch
80 g Pekannüsse, grob gehackt
60 g Rosinen

Key West

Key West ist wahrscheinlich die bekannteste Kleinstadt auf unserem Planeten. Obwohl sie Gerüchten zufolge winzig genug ist, um in den New Yorker Central Park hinein zu passen, hat Key West durch seine Geschichte, seine Abgeschiedenheit und die atemberaubende Schönheit seiner Natur eine Erwähnung auf jeder Landkarte verdient.

Key West kann sich rühmen, die ungewöhnlichsten und unkonventionellsten Einwohner einer amerikanischen Stadt zu habeen. »Key West ist nicht Florida«, sagt ein Junge in Joy Williams' Kurzgeschichte *»The Blue Men«*. Und das stimmt: Mit seiner kosmopolitischen Bevölkerung ist Key West eine Art kultureller Arche Noah, die in den Golf von Mexiko abgedriftet ist, und die weiße Tauben aussendet, die immer wieder zurückkommen, um in den Zweigen der kräftigen Banyan-Bäume zu nisten.

Auch den Schriftsteller Ernest Hemingway zog es hierher, und aufgrund seiner Vorliebe für starke Getränke enthält dieses Kapitel lediglich Drinks.

FLORIDA COCKTAIL

FLORIDA COCKTAIL

Alle Zutaten in einen Shaker geben und diesen kräftig schütteln. Den Drink in ein großes Cocktailglas abseihen. Das Glas mit 1 Limonenscheibe garnieren.

Für 1 Glas:

- *6 cl Ananassaft*
- *3 cl Zitronensaft*
- *1 cl Grenadine (Granatapfelsirup)*
- *1 Spritzer Angostura (Bitterlikör)*
- *4 Eiswürfel*
- *1 Limonenscheibe zum Garnieren*

KEY WEST

PLANTER'S COCKTAIL

PLANTER'S COCKTAIL

Alle Zutaten in einen Cocktailshaker füllen und kräftig schütteln. In ein Tumblerglas abseihen und das Glas mit je einer halben Zitronen- und Orangenscheibe garnieren.

Für 1 Glas

- *4 Eiswürfel*
- *5 cl brauner Rum*
- *3 cl frisch gepreßter Orangensaft*
- *2 cl frisch gepreßter Zitronensaft*

Zum Garnieren:

- *1/2 Zitronenscheibe*
- *1/2 Orangenscheibe*

ZOMBIE

ZOMBIE

Alle Zutaten bis auf das Eis in einen Cocktailshaker füllen und kräftig schütteln. In ein zur Hälfte mit gestoßenem Eis gefülltes Cocktailglas abseihen. Mit einer Orangenscheibe und einem Pfefferminzzweig garnieren.

Für 1 Glas

- *4 cl frisch gepreßter Zitronensaft*
- *2 cl frisch gepreßter Blutorangensaft*
- *2 cl Grenadine*
- *2 cl Ananassaft*
- *2 cl weißer Rum*
- *4 cl brauner Rum*
- *gestoßenes Eis*

Zum Garnieren:

- *1 Orangenscheibe*
- *1 Pfefferminzzweig*

LATIN MANHATTAN

LATIN MANHATTAN

Für 1 Glas

- gestoßenes Eis
- 8 cl Captain Morgan's Rum (Jamaica Rum)
- 1–2 Spritzer süßer Vermouth

Zum Garnieren:

- 1 Maraschinokirsche

Alle Zutaten in ein Rührglas geben, gut umrühren und in einen gekühlten Tumbler abseihen. Den Glasrand mit der Maraschinokirsche garnieren.

PIÑA COLADA

PIÑA COLADA

Für 1 Glas

- 2 cl Sahne
- 2 cl Kokosnußcreme
- 6 cl Ananassaft
- 6 cl weißer Rum
- gestoßenes Eis

Zum Garnieren:

- 1 Ananasstück mit Blatt

Alle Zutaten bis auf das Eis in einem Rührglas oder im Mixer so lange verrühren, bis sich die Kokosnußcreme vollständig aufgelöst hat. Ein Longdrinkglas zu einem Drittel mit gestoßenem Eis füllen. Die Mischung darübergeben. Das Glas mit einem Ananasstück und einem Ananasblatt garnieren.

KEY WEST

ERNEST'S SPECIAL

ERNEST'S SPECIAL

Für 1 Glas:

- 3 cl Kokosnußlikör (Malibu)
- 6 cl brauner Rum
- 6 cl Ananassaft
- 3 EL gestoßenes Eis
- Ananasstücke und
- 1 Maraschinokirsche zum Garnieren

Kokosnußlikör, Rum, Ananassaft und Eis in den Shaker geben und diesen kräftig schütteln. Den Drink in ein vorgekühltes Longdrinkglas abseihen. Das Glas mit Ananasstücken und 1 Maraschinokirsche garnieren.

EL FLORIDITA DAIQUIRI

EL FLORIDITA DAIQUIRI

Alle Zutaten in einen Cocktailshaker geben und kräftig schütteln. In eine eisgekühlte Cocktailschale abseihen. Die Schale mit einer Maraschinokirsche und einem Pfefferminzzweig garnieren.

Für 1 Glas

- *gestoßenes Eis*
- *Saft von 1 Limone*
- *1 TL Zuckersirup*
- *10 cl Maraschino-Likör*
- *5 cl weißer Rum*

Zum Garnieren:

- *1 Marschinokirsche*
- *1 Pfefferminzzeig*

KEY WEST

BANANA DAIQUIRI

BANANA DAIQUIRI

Die Banane zusammen mit Rum, Zucker, Limonensaft und dem gestoßenem Eis im Elektromixer etwa 30 Sekunden fein mixen. In eine gut gekühlte Cocktailschale füllen und mit Erdbeeren oder einer Kiwischeibe garnieren.

Für 1 Glas

- *1 Banane, geschält und in Scheiben geschnitten*
- *12 cl weißer Rum*
- *3 TL Zucker*
- *8 cl frisch gepreßter Limonensaft*

Zum Garnieren:

- *2 Erdbeeren oder 1 Scheibe Kiwi*

STRAWBERRY PEACH DAIQUIRI

STRAWBERRY PEACH DAIQUIRI

Die Erdbeeren waschen, von den Stielansätzen befreien und halbieren. Die Pfirsichhälfte schälen und kleinschneiden. Beides zusammen mit den restlichen Zutaten im Elektromixer etwa 30 Sekunden fein mixen. In eine gut gekühlte Cocktailschale füllen. Die Erbeere zur Hälfte einschneiden und an den Glasrand stecken.

Für 1 Glas

- *5 große, reife Erdbeeren*
- *$^{1}/_{2}$ reifer Pfirsich*
- *Saft von $^{1}/_{2}$ Limette*
- *1 TL Zucker*
- *5 cl weißer Rum*
- *gestoßenes Eis*

Zum Garnieren:

- *1 Erdbeere*

CUBA LIBRE

CUBA LIBRE

Die Eiswürfel in ein Longdrinkglas geben, den Rum darübergießen und mit Coca Cola auffüllen. Das Limonenviertel über dem Glas ausdrücken, dann hineingeben. Einmal leicht umrühren.

Für 1 Glas

- *4 Eiswürfel*
- *5 cl weißer Rum*
- *10 cl Coca Cola*
- *1/4 Limone, unbehandelt*

KEY WEST

CUBAN MANHATTAN

CUBAN MANHATTAN

Alle Zutaten in ein Rührglas geben und gut vermischen. In eine eisgekühlte Cocktailschale abseihen. Die Cocktailkirsche an den Glasrand stecken.

Für 1 Glas

- *6 Eiswürfel*
- *2 Spritzer Angostura*
- *2 cl roter Vermouth*
- *4 cl weißer Rum*

Zum Garnieren:

- *1 Cocktailkirsche*

RUM OLD FASHIONED

RUM OLD FASHIONED

Den Würfelzucker in einen Tumbler geben. Mit dem Angostura tränken und das Wasser hinzufügen. Den Zucker mit einem Barlöffel zerdrücken. Dann die Eiswürfel und den Rum dazugeben. Gut umrühren. Orangen- und Zitronenscheibe sowie Cocktailkirsche auf ein Spießchen stecken und dieses in das Glas geben.

Für 1 Glas

- *1 Stück Würfelzucker*
- *2–3 Spritzer Angostura*
- *1 EL Wasser*
- *3 Eiswürfel*
- *5 cl weißer Rum*
- *1/2 Orangenscheibe*
- *1/2 Zitronenscheibe*
- *1 Cocktailkirsche*

HAVANA SIDE CAR

HAVANA SIDE CAR

Für 1 Glas

- *4 Eiswürfel*
- *2 cl frisch gepreßter Zitronensaft*
- *2 cl Curaçao Triple sec*
- *4 cl brauner Rum*

Alle Zutaten in den Cocktailshaker füllen und kräftig schütteln. In eine eisgekühlte Cocktailschale abseihen.

TEQUILA MARIA

TEQUILA MARIA

Für 1 Glas

- *4 Eiswürfel*
- *5 cl Tequila*
- *1 cl frisch gepreßter Zitronensaft*
- *frisch gemahlener schwarzer Pfeffer*
- *1 Prise Salz*
- *5 Spritzer Worcestershiresauce*
- *2 Spritzer Tabasco*
- *12 cl Tomatensaft*

Alle Zutaten bis auf den Tomatensaft in ein Longdrinkglas geben. Mit Tomatensaft auffüllen und kräftig umrühren.

Tip:

Der Tequila Maria ist Floridas Version der weltberühmten Bloody Mary. Beide Drinks sind hervorragend als »Katerkiller« geeignet.

KEY WEST

CAIPIRINHA

CAIPIRINHA

Für 1 Glas

- *2 Limonen, unbehandelt*
- *2 TL Rohrzucker*
- *gestoßenes Eis*
- *5 cl Cachaça (weißer Rum)*

Die Limonen in kleine Stücke schneiden. Zusammen mit dem Zucker in einem Mörser zerkleinern und auspressen.

Einen Tumbler zur Hälfte mit gestoßenem Eis füllen, die Limonen-Zucker-Mischung und den Cachaça hinzufügen. Gut umrühren und sofort zusammen mit einem Trinkhalm servieren.

BANANA MANGO BATIDA

BANANA MANGO BATIDA

Die Früchte schälen, kleinschneiden und zusammen mit den restlichen Zutaten in einen Elektromixer geben. Das Ganze etwa 30 Sekunden mixen. In ein Longdrinkglas füllen.

Für 1 Glas

- *1/2 Mango*
- *1/3 Banane*
- *2 cl Milch*
- *5 cl Cachaça (weißer Rum)*
- *gestoßenes Eis*

HAVANA CLUB

HAVANA CLUB

KEY WEST

Alle Zutaten in ein Rührglas geben und gut vermischen. In ein gut gekühltes Cocktailglas abseihen. Das Glas mit einem Aprikosenviertel dekorieren.

Für 1 Glas

- *4 Eiswürfel*
- *4 cl weißer Rum*
- *2 cl Aprikosenbrandy*
- *1 cl Gin*

Zum Garnieren:

- *1/4 Aprikose*

MAI TAI

MAI TAI

Ein Longdrinkglas bis zur Hälfte mit gestoßenem Eis füllen. Den Limonensaft daübergießen und gut mit dem Eis vermischen. Die restlichen Zutaten zusammen mit den Eiswürfeln im Cocktailhaker kurz schütteln. In das Glas abseihen. Das Ananasstück und die Cocktailkirsche auf ein Spießchen stecken und dieses über den Glasrand legen. Den Pfefferminzzweig und das Limonenstück in den Drink geben.

Für 1 Glas

- *Saft von 2 Limonen*
- *4 Eiswürfel*
- *2 cl Curaçao Triple Sec*
- *1 cl Zuckersirup*
- *1 cl Orangenbitter*
- *6 cl brauner Rum*

Zum Garnieren:

- *1 Stück frische Ananas*
- *1 Cocktailkirsche*
- *1 Pfefferminzzweig*
- *1 Stück Limone*

TROPICAL DREAM

TROPICAL DREAM

Für 1 Glas

- 4 cl brauner Rum
- 2 cl brauner Rum (75 % Alkohol)
- 1 cl Curaçao White
- 1 cl Mandelsirup
- 2 cl frisch gepreßter Zitronensaft
- 4 cl Ananassaft
- 2 cl frisch gepreßter Orangensaft
- gestoßenes Eis

Zum Garnieren:

- 1 Limonenscheibe
- 1 Pfefferminzzweig

Alle Zutaten zusammen mit dem Eis in ein Ballonglas füllen und verrühren. Mit einer Limonenscheibe und einem Zweig Pfefferminze dekorieren.

HEARTBREAKER

HEARTBREAKER

Für 1 Glas

- 5 Eiswürfel
- 3 cl brauner Rum
- 2 cl Cherry Brandy
- 6 cl frisch gepreßter Orangensaft
- 6 cl Ananassaft

Zum Garnieren:

- 1 Stück frische Ananas
- 1 Cocktailkirsche

Die Zutaten zusammen mit den Eiswürfeln in einen Cocktailshaker geben und kräftig schütteln. In ein Longdrinkglas 3 bis 4 Eiswürfel geben. Den Drink in das Glas seihen. Mit einem Stück Ananas und einer Cocktailkirsche dekorieren.

KEY WEST

COCO LOCO

COCO LOCO

Für 1 Glas

- 4 Eiswürfel
- 3 cl brauner Rum
- 3 cl Malibu
- 3 cl Maracujasaft
- 3 cl frisch gepreßter Orangensaft

Zum Garnieren:

- 1 Scheibe Karambole (Sternfrucht) oder ein Stück Ananas
- 1 Cocktailkirsche

Alle Zutaten in einem Cocktailshaker geben und kräftig schütteln. Den Drink in ein Ballonglas abseihen. Mit einer Scheibe Karambole oder einem Stück Ananas und der Cocktailkirsche garnieren.

SCORPION

SCORPION

Für 1 Glas

- 4 Eiswürfel
- 3 cl brauner Rum
- 2 cl weißer Rum
- 10 cl Grenadine
- 5 cl Maracujasaft
- 3 cl frisch gepreßter Zitronensaft

Zum Garnieren:

- 1 Stück frische Ananas
- 2 Cocktailkirschen

Die Zutaten zusammen mit den Eiswürfeln in einen Cocktailshaker geben und kräftig schütteln. Den Drink in ein mit gestoßenem Eis gefülltes Longdrinkglas abseihen. Das Stück Ananas und die Cocktailkirschen auf ein Spießchen stecken und dieses über den Glasrand legen.

KEY WEST

SWIMMING POOL

SWIMMING POOL

Für 1 Glas

- 4 Eiswürfel
- 3 cl weißer Rum
- 2 cl Wodka
- 5 cl Kokosnußcreme
- 5 cl Ananassaft
- 1 cl Sahne
- 1 cl Curaçao Blue

Zum Garnieren:

- 1 Scheibe Orange (unbehandelt)
- 2 Cocktailkirschen

Alle Zutaten, jedoch ohne den Curaçao Blue, zusammen mit den Eiswürfeln in einen Cocktailshaker geben und kräftig schütteln. Ein Longdrinkglas etwa bis zu einem Drittel mit gestoßenem Eis füllen, den Drink in das Glas abseihen. Den Curaçao Blue hinzufügen und alles gut vermischen. Die Orangenscheibe zur Hälfte einschneiden und an den Glasrand stecken, die Cocktailkirschen über den Rand hängen.

TROPICAL HEAT

TROPICAL HEAT

Für 1 Glas

- 4 Eiswürfel
- 5 cl frisch gepreßter Orangensaft
- 5 cl Maracujasaft
- 5 cl Ananassaft
- 1 cl frisch gepreßter Zitronensaft
- 1 cl Grenadine

Zum Garnieren:

- 1 Stück frische Mango
- 1 Stück frische Ananas
- 1 Cocktailkirsche
- 1 Pfefferminzzweig

Alle Zutaten zusammen mit den Eiswürfeln im Rührglas verrühren und in ein Longdrinkglas abseihen. Die Früchte auf ein Spießchen stecken und dieses in das Glas geben. Den Pfefferminzzweig an den Glasrand hängen.

11th Street Diner

Der wohl bekannteste und schönste Diner in Miami Beach ist der im Jahre 1948 gebaute 11th Street Diner. Er steht an der Ecke 11th Street/Washington Avenue im historischen Art-Deco-Viertel South Beach. Hier treffen die Fünfziger und die Neunziger aufeinander; nostalgisches Ambiente und ein »Trendy«-Publikum aus der Mode- und Filmbranche. Sogar als Kulisse für Film-, Werbe und Musikvideoaufnahmen hat er schon gedient.
Wie alle richtigen Diner ist auch der 11th Street Diner 7 Tage die Woche 24 Stunden geöffnet. Auf der Speisekarte stehen traditionelle amerikanische Gerichte für allle Tageszeiten. Besonders empfehlenswert sind die Schweinerippchen mit Mango-Barbecue-Sauce. Die Speisen sind erfreulich preisgünstig und alle Mahlzeiten gibt es auch zum Mitnehmen.

MARINIERTER UND GEBACKENER TOAST

FLORIDA FRENCH TOAST

11TH STREET DINER

Für die Marinade die Eier in eine Schüssel aufschlagen und verquirlen. Buttermilch, Honig, Sahne sowie Zucker hinzufügen und alles gut verrühren.

Die Rinde der Brotscheiben abschneiden und die Scheiben in die Marinade tauchen. Aus der Marinade nehmen und gut abtropfen lassen. 3 Eßlöffel Butter in einer Pfanne erhitzen, die Toastscheiben darin auf beiden Seiten goldbraun ausbacken, beiseite stellen. Dann im Backofen warm halten.

Die Bananen schälen, in Scheiben schneiden und in der restlichen Butter anbraten. Die Bananenscheiben aus der Pfanne nehmen, erkalten lassen und mit dem Joghurt vermengen. Die Orangen schälen und die Fruchtfilets auslösen.

Die Pinienkerne in einer Pfanne ohne Fettzugabe rösten. Die Toastscheiben auf 4 Tellern anrichten und mit Zimtzucker bestreuen. Die Bananenscheiben und die Orangenfilets dazu arrangieren. Mit den gerösteten Pinienkernen bestreuen und mit den Pfefferminzblättchen dekorieren.

2 Eier
150 g Buttermilch
4 EL Honig
3 EL Sahne
2 EL Zucker
8 Scheiben weißes Toastbrot
50 g Butter
2 große Bananen
100 g Naturjoghurt
4 Orangen
4 EL Pinienkerne
1 TL Zimtzucker
4 Blatt Pfefferminze

BROKKOLICREMESUPPE

BROCCOLI SOUP

- 2 kg Brokkoli
- 1 Staudensellerie
- 1 Zwiebel
- 2 Knoblauchzehen
- 4 EL Butter
- 1 EL Mehl
- 1,2 l Geflügelbrühe
- 300 ml Milch
- 200 g Sahne
- Salz und Pfeffer aus der Mühle

Die Brokkoliröschen vom Strunk entfernen und unter fließend kaltem Wasser waschen. Gut abtropfen lassen und kleinschneiden. Den Sellerie putzen und in kleine Würfel schneiden. Die Zwiebel schälen und fein hacken. Den Knoblauch abziehen und durchpressen.

Die Butter erhitzen und die Sellerie-, die Zwiebelwürfel sowie den Knoblauch darin andünsten. Den Brokkoli dazugeben und kurz mitdünsten. Das Mehl darüberstäuben, gut umrühren und mit der Geflügelbrühe, der Milch und der Sahne auffüllen. Das Ganze aufkochen und auf kleinem Feuer 30 Minuten köcheln lassen. Die Suppe im Mixer fein pürieren, durch ein Sieb streichen und mit Salz und Pfeffer aus der Mühle würzen.

11TH STREET DINER

LOUISIANA-BURGER

LOUISIANA STYLE BURGER

- 800 g Rinderhackfleisch
- 2 Knoblauchzehen
- 1 TL Worcestershiresauce
- 2 TL Tabasco
- 2 TL Senf
- 2 EL Tomatenketchup
- 5 EL flüssige Butter
- 1 TL Salz
- 1 TL weißer Pfeffer
- 1 TL schwarzer Pfeffer
- 1 TL Knoblauchpulver
- 1/2 TL Senfpulver
- 1 Msp. Kümmelpulver
- 1/4 TL Paprikapulver
- 1/2 TL Cayennepfeffer

Das Rinderhackfleisch in eine Schüssel geben. Die Knoblauchzehen abziehen und dazupressen. Worcestershiresauce, Tabasco, Senf und Tomatenketchup hinzufügen. Alles gut vermengen. Aus der Masse 4 gleich große Burger formen, diese auf ein Blech legen und mit der flüssigen Butter bestreichen. Die restlichen Gewürze in eine kleine Schüssel geben und gut vermischen. Die Burger auf beiden Seiten mit der Gewürzmischung einreiben. Das Ganze für etwa 15 Minuten in den Kühlschrank stellen. Eine Teflonpfanne stark erhitzen und die Burger ohne weitere Zugabe von Fett darin auf beiden Seiten scharf anbraten. Bei mäßiger Hitze weiter braten, bis das Fleisch außen goldbraun, innen aber noch leicht rosa ist.

BAGELS MIT LACHS & FRISCHKÄSE

BAGELS WITH SALMON & CREAMCHEESE

Die Kartoffeln waschen, schälen und in reichlich Salzwasser in etwa 20 Minuten weich kochen. Inzwischen die Zwiebeln schälen und in Ringe schneiden. Den Schnittlauch waschen, trockenschütteln und fein schneiden. Den Frischkäse mit der Milch cremig rühren. Die Bagels quer aufschneiden und toasten. Den Frischkäse auf 4 der Bagelhälften streichen, den Räucherlachs und die Zwiebelringe darauf legen. Die restlichen Bagelhälften aufsetzen.

Das Kartoffelwasser abschütten. Die Kartoffeln in Würfel schneiden. Die Butter in einer Pfanne erhitzen und die Kartoffelwürfel darin goldbraun braten. Mit Salz, Pfeffer aus der Mühle und dem Schnittlauch würzen.

Die Tomate waschen, vom Stielansatz befreien, in Spalten schneiden und zusammen mit den Bagels und den Kartoffeln auf 4 Tellern anrichten.

- *8 große Kartoffeln*
- *2 rote Zwiebeln*
- *1/2 Bund Schnittlauch*
- *150 g Doppelrahmfrischkäse*
- *4 EL Milch*
- *4 Bagelbrötchen*
- *180 g Räucherlachs, in dünnen Scheiben*
- *3 EL Butter*
- *Salz, Pfeffer aus der Mühle*
- *1 Tomate*

11TH STREET DINER

Romero Britto ©1993

BLATTSALATE MIT KÄSEDRESSING

CHEF SALAD WITH CHEESE DRESSING

11TH STREET DINER

Für das Dressing die Zwiebel schälen und fein hacken. Den Knoblauch abziehen und durchpressen. Den Blauschimmelkäse grob hacken. Zusammen mit allen weiteren Zutaten für das Dressing im Mixer pürieren. Das Ganze etwa 20 Minuten stehen lassen, nach Belieben nachwürzen.

Die Salate putzen, in Blätter zerteilen, waschen und trockenschleudern. Die Salatgurke waschen und in Scheiben schneiden. Das Ganze auf 4 Glasschalen verteilen. Die Tomaten waschen, vom Stielansatz befreien und vierteln. Die Eier pellen und ebenfalls in Viertel schneiden.

Die Zwiebel schälen und in Ringe schneiden. Die Petersilie waschen, trockenschütteln und die Blätter fein hacken. Die Eier, die Tomaten sowie die Zwiebelringe auf dem Salat verteilen und die Petersilie darüberstreuen. Das Dressing über den Salat gießen und das Ganze servieren.

Für das Dressing:

1 Zwiebel
1 Knoblauchzehe
180 g Blauschimmelkäse
1 frisches Ei
400 ml Sonnenblumenöl
120 g Buttermilch
2 TL weißer Pfeffer
1 TL Salz

Für den Salat:

1 Kopf Eisbergsalat
1/2 Kopf Friséesalat
1/2 Bd. Rucolasalat
1/2 Salatgurke
4 reife Tomaten
4 Eier, hartgekocht
1 rote Zwiebel
2 Zweige glatte Petersilie

CLUBSANDWICH MIT TRUTHAHN

TURKEY CLUB SANDWICH

12 Scheiben Toastbrot
20 Scheiben Frühstücksspeck
1/2 Kopf Eisbergsalat
3 EL Mayonnaise
Salz, schwarzer Pfeffer aus der Mühle
2 Tomaten
12 Scheiben gekochter Truthahn
2 hartgekochte Eier, geschält und in Scheiben geschnitten
4 Kirschtomaten
4 grüne Oliven

Die Toastscheiben toasten und auf einer Arbeitsfläche auslegen. Den Speck knusprig braten und beiseite stellen. Den Eisbergsalat putzen, waschen, trockenschleudern und in Streifen schneiden. Zusammen mit der Mayonnaise in eine Schüssel geben, darin vermengen und mit Salz und Pfeffer aus der Mühle würzen. Die Tomaten waschen, vom Stielansatz befreien und in Scheiben schneiden.

8 Toastscheiben gleichmäßig mit Salat belegen. Truthahnfleisch, 12 Scheiben Frühstücksspeck, Tomaten- und Eierscheiben ebenfalls gleichmäßig auf den 8 Brotscheiben anrichten.

Jeweils 2 belegte Toastscheiben aufeinanderlegen, mit einer nicht belegten Scheibe abdecken und diese leicht andrücken. Jedes Sandwich mit 2 Zahnstochern fixieren und mit einem Brotmesser in 3 Teile schneiden. Die restlichen 8 Speckscheiben sowie abwechselnd eine Kirschtomate und eine Olive auf die Zahnstocher spießen und das Ganze servieren.

11TH STREET DINER

SCHWEINERIPPCHEN MIT MANGO-BARBECUE-SAUCE

BABY BACKRIBS WITH MANGO BARBECUE SAUCE

Die Zwiebeln schälen und grob hacken, die Knoblauchzehen ungeschält halbieren. Beides zusammen mit den Rippchen in einen großen Topf geben. Den Topf mit Wasser auffüllen. Die Lorbeerblätter hinzufügen, das Ganze erhitzen, aufkochen und 5 Minuten köcheln lassen. Abkühlen lassen, die Rippchen herausnehmen und gut abtropfen lassen.

Für die Sauce die Mangos schälen und das Fruchtfleisch mit einem scharfen Messer jeweils vom Kern schneiden. Das Fruchtfleisch kleinschneiden und in einer Schüssel mit den übrigen Zutaten für die Sauce gut vermengen. Die Mischung in eine Pfanne geben und bei milder Hitze 5 Minuten köcheln lassen. Mit Salz und Pfeffer würzen, dann abkühlen lassen.

Den Backofen auf 130 °C vorheizen. Ein tiefes Backblech etwa 1 cm hoch mit Wasser anfüllen und einen Gitterrost darüberlegen. Die Rippchen mit Zitronensaft bestreichen und mit Salz und Pfeffer würzen. Rundherum mit der Mango-Barbecue-Sauce bestreichen.

Die Rippchen auf den Gitterrost legen, mit Alufolie abdecken und im Ofen etwa 2 Stunden garen. Dann herausnehmen und den Ofen auf starke Oberhitze einstellen. Die Rippchen nochmals mit der Sauce bestreichen und dann bei Oberhitze knusprig backen.

Tip:
Dazu passen Ofenkartoffeln mit saurer Sahne und ein gemischter Salat.

Für die Schweinerippchen:
- *2 Zwiebeln*
- *2 Knoblauchzehen*
- *1,5 kg Rippchen vom jungen Schwein*
- *2 Lorbeerblätter*

Für die Sauce:
- *3 Mangos*
- *Saft von 2 Zitronen*
- *50 ml brauner Rum*
- *50 ml Tomatenpüree (Dose)*
- *1 EL Sojasauce*
- *1 EL Tomatenketchup*
- *1 EL Zwiebel, fein gehackt*
- *1 EL frischer Ingwer, fein gehackt*
- *1 TL Chilipulver*
- *Salz, Pfeffer aus der Mühle*

Außerdem:
- *Saft von 2 Zitronen*

11TH STREET DINER

CHILI CON CARNE

CHILI CON CARNE

- *400 g schwarze Bohnen*
- *1 Lorbeerblatt*
- *Salz*
- *2 Zwiebeln*
- *2 Knoblauchzehen*
- *1 grüne Paprikaschote*
- *1 rote Paprikaschote*
- *1 gelbe Paprikaschote*
- *1 Zweig Petersilie*
- *2 Zweige frischer Koriander*
- *4 EL Olivenöl*
- *400 g Rinderhackfleisch*
- *400 g Schweinehackfleisch*
- *3 TL Chilipulver*
- *1 TL Paprikapulver*
- *1 TL Kümmel*
- *400 g geschälte Tomaten aus der Dose*
- *125 g Cheddar, gerieben*
- *schwarzer Pfeffer aus der Mühle*

Die Bohnen für mindestens 10 Stunden in kaltem Wasser einweichen. Danach unter kaltem Wasser abspülen und in einen Kochtopf geben. Den Topf mit 1 Liter Wasser auffüllen, Lorbeerblatt und Salz hinzufügen. Das Ganze aufkochen und dann etwa 1½ Stunden köcheln lassen. Dann das Wasser abgießen.

Die Zwiebeln schälen und fein hacken. Den Knoblauch abziehen und durchpressen. Die Paprikaschoten halbieren, entkernen, waschen und das Fruchtfleisch in kleine Würfel schneiden. Die Kräuter waschen, trockenschütteln und fein hacken. 2 Eßlöffel Olivenöl in einer Pfanne erhitzen und die Hälfte der gehackten Zwiebeln und den Knoblauch darin andünsten. Die Paprikaschoten und die Kräuter dazugeben und mitdünsten.

In einer zweiten, großen Pfanne das restliche Olivenöl erhitzen und das Hackfleisch darin scharf anbraten. Das Chili- und das Paprikapulver sowie den Kümmel beigeben und kurz mitdünsten. Die Bohnen und die Tomaten hinzufügen, das Ganze aufkochen und offen 1 Stunde köcheln lassen. Abgedeckt weitere 30 Minuten köcheln lassen und mit der restlichen gehackten Zwiebel und dem geriebenen Käse würzen. Mit Salz und Pfeffer abschmecken. Nach Belieben Crème fraîche dazu reichen.

11TH STREET DINER

CHILI-BURGER MIT PFEFFER-LIMONEN-MAYONNAISE

EL PASO CHILI BURGER WITH JALAPEÑO MAYONNAISE

2 Knoblauchzehen
2 Zwiebeln
150 g Monterey Jack-Käse (ersatzweise Cheddar)
3 grüne Chilischoten
800 g Rinderhackfleisch
Salz, schwarzer Pfeffer aus der Mühle
1 Spritzer Tabasco
4 EL Öl
2 Tomaten
1 Jalapeño-Chilischote
200 g Mayonnaise
1 TL Senf
Saft von 2 Limonen

Den Backofengrill vorheizen. Den Knoblauch abziehen und durchpressen. Die Zwiebeln schälen und in Scheiben schneiden. Den Käse in dünne Scheiben schneiden. Die Chilischoten waschen, abtrocknen, auf ein Backblech legen und im Backofen etwa 5 Minuten auf allen Seiten grillen. Die Schoten herausnehmen, halbieren, entkernen und fein hacken.

Das Hackfleisch in eine Schüssel geben. Knoblauch und Chilischoten hinzufügen und mit Salz, schwarzem Pfeffer sowie nach Belieben mit Tabasco würzen. Aus dem Fleisch Burger formen, diese mit Öl bestreichen, auf ein Backblech legen und unter dem Grill auf jeder Seite etwa 3 Minuten braten. Die Zwiebelscheiben ebenfalls im Öl wenden und unter dem Grill garen. Die Tomaten waschen, halbieren, vom Stielansatz befreien und grillen.

Alles aus dem Ofen nehmen. Das Fleisch auf 4 Teller verteilen, jeweils mit Käsescheiben belegen und die Tomatenhälften und die Zwiebelringe dazu arrangieren.

Die Jalapeño-Chilischote halbieren, entkernen, waschen und fein hacken. Zusammen mit der Mayonnaise in eine Schüssel geben. Den Senf und den Limonensaft hinzufügen und das Ganze gut vermengen. Mit Salz und Pfeffer aus der Mühle pikant abschmecken. Die Pfeffer-Limonen-Mayonnaise zu den Burgern servieren.

11TH STREET DINER

HÜHNCHEN IN KNOBLAUCH-HONIG-MARINADE

HONEY GARLIC CHICKEN

- 1 küchenfertiges Hühnchen von ca. 1,5 kg
- 1 Zwiebel
- 4 Knoblauchzehen
- 8 EL Olivenöl
- 3 EL Honig
- Salz, schwarzer Pfeffer aus der Mühle
- 1/2 TL Limonensaft
- 2 Zweige frischer Koriander
- 400 g geschälte Tomaten aus der Dose

Das Hühnchen waschen, trockentupfen, in 6 Teile zerlegen und in eine Schüssel geben. Die Zwiebel schälen und fein hacken. Die Knoblauchzehen abziehen und durchpressen. Zwiebeln und Knoblauch zusammen mit 4 Eßlöffeln Olivenöl, Honig, 1 Teelöffel schwarzem Pfeffer aus der Mühle und Limonensaft vermengen.

Die Hühnchenteile damit gleichmäßig überziehen und darin 3 Stunden marinieren lassen. Etwa 15 Minuten vor Ende der Marinierzeit den Backofen auf 160 °C vorheizen.

Den Koriander waschen, trockenschütteln und fein hacken. Das restliche Olivenöl in einer Pfanne erhitzen. Die Hühnchenteile darin auf allen Seiten kräftig anbraten, aus der Pfanne nehmen, in eine Kasserolle geben und im vorgeheizten Ofen weitere 20 Minuten braten.

Die Tomaten in den Bratensatz geben, das Ganze aufkochen und mit Salz, schwarzem Pfeffer aus der Mühle und Koriander würzen. Etwa 10 Minuten köcheln lassen. Die Hühnchenteile in die Sauce legen, ein paar Minuten mitziehen lassen, dann alles zusammen servieren.

11TH STREET DINER

OMELETTE MIT WÜRSTCHEN, ZWIEBELN & CHILI

SANTA FÉ OMELETTE

11TH STREET DINER

Für die Guacamole die Tomate mit kochendem Wasser überbrühen, enthäuten, entkernen, vom Stielansatz befreien und das Fruchtfleisch fein hacken. Die Schalotte schälen und kleinschneiden. 1 Chilischote längs aufschlitzen, von den Kernen befreien und sehr fein würfeln. Die Avocados schälen, längs halbieren und den Kern entfernen. Das Fruchtfleisch grob zerschneiden. Zusammen mit dem Limonensaft im Mixer pürieren. Das Avocadopüree, die Tomaten- und Schalottenwürfel sowie die gewürfelte Chilischote miteinander vermischen. Den Koriander oder die Petersilie waschen, trockenschütteln, die Blättchen abzupfen und fein hacken. Unter die Avocadocreme heben, mit Salz und schwarzem Pfeffer aus der Mühle würzen und mit der restlichen Chilischote garnieren. Das Ganze beiseite stellen.

Für die Omelettes die Eier mit Milch, Sahne, Salz und Pfeffer verquirlen. Den Koriander waschen, trockenschütteln und fein hacken. Die Zwiebel schälen und ebenfalls fein hacken. Die Paprika- und die Chilischote waschen, halbieren, entkernen und fein würfeln. In einer zweiten Schüssel Zwiebel, Koriander und Paprika- sowie Chilischote gut miteinander vermengen. Die Bratwurst fein hacken und zu dem Gemüse geben. Die Butter in einer Pfanne erhitzen, ein Sechstel der Gemüsemischung dazugeben und kurz andünsten. Ein Sechstel der Eiermasse in die Pfanne gießen und ein Omelette ausbacken. Die Pfanne schräg hochhalten, mit Hilfe eines Spatels die Seiten einschlagen und das Omelette aufrollen. Das Omelette auf einem Teller anrichten, den Vorgang wiederholen, bis die Eiermasse und die Gemüsemischung aufgebraucht sind. Die Omelettes zusammen mit der Guacamole servieren.

Für die Guacamole:

1 vollreife Tomate
1 Schalotte
2 rote Chilischoten
3 reife Avocados
Saft von 2 Limonen
1 Bd. Koriander oder glatte Petersilie
Salz, schwarzer Pfeffer aus der Mühle

Für die Omelettes:

6 Eier
3 EL Milch
2 EL Sahne
Salz, schwarzer Pfeffer aus der Mühle
1 kleine Zwiebel
1 Zweig Koriander
1/2 grüne Paprikaschote
1 kleine Chilischote
150 g gekochte Schweinebratwurst
4 EL Butter

CAYENNE-ZWIEBEL-RINGE

CAYENNE ONION RINGS

6 große Zwiebeln
125 g Buttermilch
125 g Mehl
1 TL Salz
1 TL schwarzer Pfeffer aus der Mühle
2 TL Cayennepfeffer
2 Eiweiß
120 g Semmelbrösel
Öl zum Ausbacken

Die Zwiebeln schälen und in etwa 3 mm dünne Ringe schneiden. In einer Schüssel Buttermilch, 125 ml Wasser, Mehl, Salz, schwarzen Pfeffer und Cayennepfeffer vermengen. Die Eiweiße zu Schnee schlagen und unter die Teigmasse heben. Die Zwiebelringe mit Hilfe einer Gabel durch den Teig ziehen, etwas abtropfen lassen und dann in den Semmelbröseln wenden. Die Brösel leicht andrücken. Reichlich Öl in einem großen Topf erhitzen. Die Zwiebelringe darin portionsweise goldgelb ausbacken. Mit einem Schaumlöffel aus dem Öl heben und auf Küchenpapier gut abtropfen lassen. Nach Belieben mit Salz und Cayennepfeffer nachwürzen.

11TH STREET DINER

PIKANTE MAISKUCHEN

JALAPEÑO POLENTA CAKES

1 Zwiebel
1 Knoblauchzehe
1 Zweig Koriander
1 Jalapeño-Chilischote (ersatzweise andere Chilisorte)
70 ml Olivenöl
200 ml Geflügelbrühe
60 g Sahne
130 g grobes Maismehl
4 EL Maiskörner aus der Dose
3 EL Parmesan, gerieben
4 EL Mascarpone
Salz, schwarzer Pfeffer aus der Mühle
4 EL Butter

Die Zwiebel schälen und fein hacken. Den Knoblauch abziehen und durchpressen. Den Koriander waschen, trockenschütteln und sehr fein schneiden. Die Jalapeño-Chilischote halbieren, entkernen, waschen und in Streifen schneiden. 3 Eßlöffel Olivenöl in einer Pfanne erhitzen und die Zwiebel und den Knoblauch darin anbraten. Die Brühe sowie die Sahne dazugeben und das Ganze aufkochen. Das Maismehl einstreuen und bei schwacher Hitze unter stetem Rühren eine dickflüssige Polenta kochen. Maiskörner, Parmesan, Mascarpone und Koriander hinzufügen. Die Chilischotenstreifen unter die Polenta mischen, mit Salz und Pfeffer würzen. Die Polenta etwa 1 cm dick auf ein Blech streichen und erkalten lassen. Die Polenta in Rechtecke von etwa 3 x 6 cm Größe schneiden und diese im restlichen Olivenöl und der Butter auf beiden Seiten anbraten. Sofort servieren.

BLAUBEER-PFIRSICH-STRUDEL

BLUEBERRY PEACH STRUDEL

Den Backofen auf 200 °C vorheizen. Ein Backblech mit Mehl bestreuen. Die Butter schmelzen und erkalten lassen.

Den Ricotta in eine Schüssel geben und darin glattrühren. Die Blaubeeren waschen, verlesen und gut abtropfen lassen. Die Pfirsiche enthäuten, halbieren, entkernen und in Spalten schneiden. Zusammen mit Blaubeeren, Mehl, Mandeln, Haselnüssen sowie Zitronensaft zu dem Ricotta geben und alles gut vermengen.

Den Strudelteig hauchdünn ausziehen und die Ricotta-Frucht-Masse auf drei Viertel der Teigfläche glattstreichen. Den Strudel aufrollen und auf das bemehlte Backblech legen. Die flüssige Butter mit der Sahne vermischen und den Strudel damit bestreichen. Etwa 18 Minuten im Ofen backen. Dabei mehrmals mit der Buttersahne bestreichen.

Den Strudel aus dem Ofen nehmen und nach Belieben zusammen mit Crème fraîche oder Schlagsahne servieren.

Mehl für das Backblech
2 EL Butter
100 g Ricotta
200 g Blaubeeren
200 g Pfirsiche
2 TL Mehl
3 EL gehackte Mandeln
3 EL gehackte Haselnüsse
Saft von 1 Zitrone
100 g Strudelteig
(Fertigprodukt aus dem Kühlregal)
2 EL Sahne

11TH STREET DINER

Romero Britto

SCHOKOLADEN-RUM-KEKSE

CHOCOLATE RUM COOKIES

Die Butter zusammen mit dem Zucker und dem Salz schaumig rühren. Die Schokolade fein reiben. Die Vanilleschote längs aufschneiden und das Mark herauskratzen. Beides unter die Buttermischung mengen.

Das Mehl und das Backpulver vermischen und zusammen mit Ei, Rum, Kokosraspeln und Rosinen zur Buttermischung geben. Das Ganze zu einem glatten Teig verkneten. Diesen zur Kugel formen, in Klarsichtfolie wickeln und für mindestens 2 Stunden in den Kühlschrank legen.

Den Ofen auf 180 °C vorheizen. Ein Backblech mit Backpapier belegen und aus dem Teig walnußgroße Kugeln formen. Die Kugeln mit ausreichend großem Abstand zueinander auf das Blech setzen. Die Kekse auf mittlerer Schiene 8 bis 10 Minuten backen.

140 g weiche Butter
100 g Zucker
1 Prise Salz
100 g Vollmilchschokolade
1 Vanilleschote
200 g Mehl
1 1/4 TL Backpulver
1 Ei
3 EL brauner Rum
60 g Kokosraspel
50 g Rosinen

11TH STREET DINER

ERDBEER-RHABARBER-PIE

STRAWBERRY RHUBARB PIE

Für die Füllung:

- 500 g Erdbeeren
- 500 g Rhabarber
- 125 g Zucker
- 1/2 TL Zimtpulver
- 2 EL Ahornsirup
- 4 TL Grand Marnier

Für die Teigdecke:

- 150 g weiche Butter
- 60 g brauner Zucker
- 60 g weißer Zucker
- 1/2 TL Salz
- 1 TL Zimtpulver
- 250 g Mehl
- 4 EL Haferflocken
- 125 g geröstete Mandeln, gehackt

Außerdem:

- Butter für die Form

Den Backofen auf 220 °C vorheizen. Eine Gratinform mit etwa 4 cm hohem Rand mit Butter ausstreichen. Die Erdbeeren waschen, putzen und in Viertel schneiden. Die Rhabarberstangen ebenfalls putzen, waschen und in 1 cm breite Ringe schneiden. Die Erdbeer- und die Rhabarberstücke abwechselnd schichtweise in die Gratinform legen. Zucker und Zimt miteinander vermengen und über die Früchte streuen. Das Ganze gleichmäßig mit dem Ahornsirup und dem Grand Marnier beträufeln.

Für die Teigdecke weiche Butter, beide Zuckersorten, Salz und Zimtpulver in eine Schüssel geben und gut darin vermengen. Das Mehl, die Haferflocken sowie die Mandeln hinzufügen und das Ganze gründlich vermischen.

Zwei Drittel der Teigmasse über die Früchte geben und die Form in den Ofen stellen. Nach 20 Minuten herausnehmen, den restlichen Teig in die Form geben und das Ganze weitere 15 bis 20 Minuten backen. Den Pie warm servieren. Dazu paßt Zimt- oder Vanilleeiscreme.

11TH STREET DINER

HEIDELBEERKUCHEN MIT SCHOKOLADENSTÜCKCHEN

BLUEBERRY CAKE WITH CHOCOLATE CHIPS

Den Backofen auf 170 °C vorheizen. Eine Springform von etwa 24 cm Durchmesser mit Butter ausstreichen und mit Mehl ausstäuben. Das Mehl in eine Schüssel sieben, Backpulver und Salz beigeben und das Ganze gut vermischen.

Die Butter und den Zucker in eine Schüssel geben und zu einer cremigen Masse verrühren. Die Eier verquirlen und nach und nach unter die Buttermischung rühren. Das Vanilleschotenmark untermengen. Unter ständigem Rühren die Mehlmischung und die Milch eßlöffelweise zugeben .

Die Heidelbeeren waschen, verlesen, gut abtropfen lassen und unter den Teig mischen. Die Schokolade grob hacken und ebenfalls untermengen. Den Teig in die Form füllen, glattstreichen und im Ofen etwa 1 Stunde backen. Anschließend abkühlen lassen und den Tortenring entfernen. Nach Belieben zusammen mit geschlagener Sahne, Frischkäse oder Eiscreme servieren.

- *Butter und Mehl für die Form*
- *320 g Mehl*
- *1 1/2 TL Backpulver*
- *1/2 TL Salz*
- *160 g weiche Butter*
- *250 g Zucker*
- *2 Eier*
- *ausgekratztes Mark von 1 Vanilleschote*
- *125 ml Milch*
- *300 g Heidelbeeren*
- *80 g Zartbitterschokolade*

11TH STREET DINER

Hialeah

In Miamis berühmten Latino-Stadtteil Hialeah sind 90% der Einwohner Kubaner. Hier gibt es nur zwei Dinge, die wirklich wichtig sind: Das Pferderennen und der Jai Alai, eine eigentümliche Ballsportart. Und natürlich Salsamusik. Bei so manchem Gottesdienst wird hier der Gemeinde mit heißen Salsarhythmen eingeheizt und nicht etwa mit Orgelspiel.

Genauso feurig ist die Latino-Küche: Hier ist der Rhythmus auch im Food.

GEFLÜGELSALAT MIT ANANAS, REIS & ROSINEN

CHICKEN SALAD WITH PINEAPPLE, RICE & RAISINS

Für das Dressing:

- *2 rote Zwiebeln*
- *60 g Staudensellerie*
- *1 TL Tabasco oder Louisiana Hot Sauce*
- *3 EL Mangochutney (Fertigprodukt)*
- *4 EL Mayonnaise*
- *2 EL Petersilie, fein gehackt*
- *Salz, Pfeffer*

Für den Geflügelsalat:

- *1 reife Mango*
- *1 reife Ananas*
- *500 g Geflügelfleisch, gekocht*
- *500 g Reis, gekocht*

Für das Dressing die Zwiebeln schälen und fein hacken. Den Staudensellerie putzen, waschen und kleinschneiden. Zusammen mit den restlichen Zutaten für das Dressing in einen Mixer geben und fein pürieren. Die Petersilie beigeben und mit Salz und schwarzem Pfeffer aus der Mühle würzen.

Für den Geflügelsalat die Mango schälen, das Fruchtfleisch mit einem scharfen Messer vom Stein lösen und in kleine Würfel schneiden. Die Ananas schälen, den Strunk entfernen und das Fruchtfleisch ebenfalls würfeln. Das Geflügelfleisch in längliche Streifen schneiden und zusammen mit dem Reis in eine Schüssel geben. Die Mango und die Ananas sowie das Dressing hinzufügen. Alles gut vermengen und mit Salz und schwarzem Pfeffer aus der Mühle würzen. Vor dem Servieren kurz durchziehen lassen.

HIALEAH

RIESENGARNELEN MIT KOKOSNUSS

COCONUT SHRIMPS

Für die Gewürzmischung:

- *1 TL edelsüßes Paprikapulver*
- *1 TL Knoblauchpulver*
- *2 TL Zwiebelpulver*
- *1 TL getrockneter Oregano*
- *1 TL Cayennepfeffer*
- *2 TL Salz*
- *2 TL grob gemahlener schwarzer Pfeffer*

Außerdem:

- *1 kg Riesengarnelen, ohne Schale und Darm*
- *150 ml helles Bier*
- *250 g Mehl*
- *1 TL Backpulver*
- *180 g Kokosraspel*
- *Öl zum Ausbacken*

Die Zutaten für die Gewürzmischung in einer Schüssel vermengen. Die Riesengarnelen in der Mischung wenden. In einer anderen Schüssel Bier, Mehl und Backpulver gründlich verrühren. Die Kokosraspel auf einer Platte ausstreuen. In einem großen Topf reichlich Öl auf etwa 180 °C erhitzen.

Die Riesengarnelen mit Hilfe einer Gabel einzeln durch den Bierteig ziehen. Gut abtropfen lassen, dann in den Kokosraspeln wälzen. Die Garnelen im heißen Öl portionsweise in etwa 1 Minute goldbraun backen. Mit einem Schaumlöffel herausnehmen, auf Küchenpapier abtropfen lassen und heiß servieren. Dazu paßt ein Salat.

HIALEAH

KORIANDERCREMESUPPE

CORIANDER CREAM SOUP

- *1/2 Bund frischer Koriander*
- *1 Zwiebel*
- *2 Knoblauchzehen*
- *50 g Staudensellerie*
- *3 EL Butter*
- *3 TL Mehl*
- *800 ml Geflügelbrühe*
- *200 g Sahne*
- *Salz, weißer Pfeffer aus der Mühle*

Den Koriander waschen, trockenschütteln und die Blättchen von den Stielen zupfen. Zwiebel und Knoblauch abziehen. Die Zwiebel fein hacken, den Knoblauch durchpressen. Den Sellerie putzen, waschen und fein hacken.

Die Butter in einem Topf erhitzen und Zwiebel sowie Knoblauch darin andünsten. Den Sellerie zufügen und kurz mitdünsten. Das Mehl darübersieben, kurz anschwitzen lassen, dann die Brühe angießen. Das Ganze bei milder Hitze 15 bis 20 Minuten köcheln lassen.

Die Korianderblättchen und zwei Drittel der Sahne zufügen. Die Suppe nochmals etwa 10 Minuten köcheln lassen. Inzwischen die restliche Sahne steif schlagen. Die Suppe pürieren und anschließend durch ein feines Sieb streichen. Mit Salz und Pfeffer abschmecken. Die geschlagene Sahne mit einem Schneebesen unterziehen und die Suppe kräftig aufschlagen, bis sie schön schaumig ist. Nach Belieben als Einlage Hühnerfleischstreifen hineingeben.

HIALEAH

Romero Britto

KÜRBISSUPPE

CALABAZA SOUP

Den Kürbis schälen, halbieren, entkernen und das Fruchtfleisch in kleine Würfel schneiden. Die Tomaten über Kreuz einritzen, auf einer Schaumkelle für einige Sekunden in kochendes Wasser halten und dann jeweils die Haut abziehen. Dabei vom Stielansatz befreien und das Fruchtfleisch achteln.

Die Zwiebeln schälen und fein hacken. Das Olivenöl in einer Pfanne erhitzen und die Zwiebeln darin andünsten. Die Butter, die Tomatenachtel und die Kürbiswürfel hinzufügen und mitdünsten. Den Zucker dazugeben, die Milch angießen und alles zusammen etwa 10 Minuten köcheln lassen. Das Ganze im Mixer fein pürieren und durch ein Sieb streichen. Mit Salz, schwarzem Pfeffer aus der Mühle und frisch geriebener Muskatnuß würzen.

Die saure Sahne mit den Eigelben verrühren und die Mischung mit einem Schneebesen unter die Suppe ziehen.

2 kg reifer Kürbis
2 mittelgroße Tomaten
2 rote Zwiebeln
4 EL Olivenöl
2 EL Butter
1 TL Zucker
100 ml Milch
Salz, schwarzer Pfeffer aus der Mühle
2 Msp. frisch geriebene Muskatnuß
80 g saure Sahne
2 frische Eigelbe

HIALEAH

KUBANISCHE KAROTTENSUPPE

CUBAN CARROT SOUP

Für die Karottensuppe:

5 mittelgroße Karotten
1 mittelgroße Kartoffel
1 Zwiebel
1 Knoblauchzehe
2 EL Butter
3 EL Olivenöl
1 l Geflügelbrühe
1/2 TL Kümmelpulver
1 TL Salbei, getrocknet
Salz, Pfeffer
200 g Sahne

Für die Croûtons:

2 Toastbrotscheiben
2 EL Olivenöl
2 Knoblauchzehen, geschält

Die Karotten und die Kartoffel schälen und jeweils fein würfeln. Zwiebel und Knoblauchzehe schälen, Zwiebel fein hacken, Knoblauch durchpressen. Beides in Butter und Olivenöl anbraten. Karotten- sowie Kartoffelwürfel hinzufügen und andünsten. Die Brühe angießen, das Ganze aufkochen und dann bei milder Hitze zugedeckt etwa 20 Minuten köcheln lassen.

Das Kümmelpulver und den Salbei einrühren. Die Suppe im Mixer fein pürieren, durch ein Sieb streichen und wieder in den Topf geben. Die Sahne unterziehen, die Suppe erneut erhitzen und bei milder Hitze auf ein Drittel einkochen lassen. Mit Salz und Pfeffer aus der Mühle würzen.

Die Toastbrotscheiben in kleine Würfel schneiden und im Olivenöl zusammen mit den Knoblauchzehen goldbraun braten. Auf Küchenpapier abtropfen lassen. Die Knoblauchzehen entfernen. Die Karottensuppe zum Schluß nochmals mit Kümmelpulver, Salz und Pfeffer würzen. In Suppentassen füllen und mit den Knoblauchcroûtons bestreuen.

HIALEAH

KNOBLAUCHSUPPE MIT TOMATEN

SOPA DE AJO AL TOMATO

8 Knoblauchzehen	
1 Zwiebel	
1 Zweig Koriander	
2 Zweige Petersilie	
3 EL Olivenöl	
400 g Tomaten aus der Dose	
1 TL Chilipulver	
1,2 l Geflügelbrühe	
Salz, schwarzer Pfeffer aus der Mühle	

Die Knoblauchzehen abziehen und halbieren. Die Zwiebel schälen und fein hacken. Den Koriander und die Petersilie waschen, trockenschütteln und kleinschneiden.

Das Olivenöl in einer Pfanne erhitzen und den Knoblauch und die Zwiebel darin weich dünsten. Die Tomaten hinzufügen, das Chilipulver darüberstreuen und alles gut verrühren. Mit der Brühe auffüllen, das Ganze aufkochen und etwa 20 Minuten köcheln lassen.

Alles durch ein Sieb passieren, mit Salz, schwarzem Pfeffer aus der Mühle sowie den Kräutern würzen und servieren.

HIALEAH

HÜHNCHEN MIT REIS

ARROZ CON POLLO

- 2 küchenfertige Hühnchen à ca. 1 kg
- 100 ml Bitterorangensaft
- 4 Knoblauchzehen, gepreßt
- Salz
- 3 EL Olivenöl
- 2 Zwiebeln
- 1 grüne Paprikaschote
- 300 g Langkornreis
- 1 l Geflügelbrühe
- 1 Lorbeerblatt
- 1 TL Safranpulver
- 450 g geschälte Tomaten aus der Dose, ohne Saft
- 300 g frische Erbsen, gekocht
- 2 Jalapeño-Chilischoten
- schwarzer Pfeffer aus der Mühle
- 2 EL Sherry

Die Hühnchen waschen, trockentupfen, jeweils in 6 Teile zerlegen und in eine Glasschüssel geben.

In einer kleinen Schale den Orangensaft mit dem Knoblauch und 2 Teelöffeln Salz vermengen. Die Mischung gleichmäßig über die Hühnchenteile gießen und diese etwa 1 bis 2 Stunden darin marinieren.

Den Backofen auf 180 °C vorheizen. Das Öl in einer großen, feuerfesten Pfanne erhitzen und die Hühnchenstücke darin auf allen Seiten anbraten. Das Hühnerfleisch aus der Pfanne nehmen und beiseite stellen.

Die Zwiebeln schälen und fein hacken. Die Paprikaschote halbieren, entkernen, waschen und das Fruchtfleisch in Würfel schneiden. Zusammen mit der Zwiebel in die Pfanne geben und andünsten. Den Reis hinzufügen und glasig dünsten. Dann die Geflügelbrühe angießen, das Lorbeerblatt und den Safran dazugeben. Das Ganze aufkochen. Die Tomaten hacken, in den Sud geben und alles etwa 5 Minuten köcheln lassen. Die Hühnerstücke zurück in den Sud geben und das Ganze zugedeckt im Ofen etwa 30 bis 35 Minuten backen.

Die Jalapeño-Chilischoten halbieren, entkernen, waschen und fein hacken. Zusammen mit den gekochten Erbsen hinzufügen, alles mit Salz und schwarzem Pfeffer aus der Mühle würzen und mit dem Sherry übergießen.

HIALEAH

HÜHNCHEN MIT INGWER, LIMONEN & PFEFFER

CHICKEN WITH GINGER, LIME & PEPPER

Für die Gewürzmischung die Knoblauchzehen abziehen und durchpressen. Die Ziebeln schälen und fein hacken. Mit den restlichen Zutaten für die Gewürzmischung gut vermengen. Das Hähnchen unter fließendem Wasser innen und außen waschen, trockentupfen und dann rundherum mit der Mischung bestreichen. Zugedeckt mindestens 1 bis 2 Stunden marinieren lassen.

Den Backofen auf 170 °C vorheizen. Das Hähnchen salzen und pfeffern, mit Öl bestreichen und dann im Ofen etwa 1 Stunde und 30 Minuten garen. 5 Minuten vor Ende der Garzeit rundherum dick mit Ahornsirup bestreichen.

Den Reis nach Packungsanleitung in Salzwasser garen. Die Zwiebeln schälen, fein hacken und in der Butter goldgelb dünsten. Zusammen mit Koriander und Olivenöl unter den Reis mischen. Alles zusammen servieren. Nach Belieben Mangochutney als Sauce dazu reichen.

Für die Gewürzmischung:

3 Knoblauchzehen
2 Zwiebeln
1 EL frischer Ingwer, gerieben
5 EL Limonensaft
3 EL Mangochutney (Fertigprodukt)
3 EL weiche Butter

Außerdem:

1 küchenfertiges Hähnchen von ca. 1,6 kg
Salz, Pfeffer
2 EL Öl
2 EL Ahornsirup
200 g Naturreis
2 Zwiebeln
2 EL Butter
2 EL frischer Koriander, fein gehackt
2 EL Olivenöl

HIALEAH

MANGO-GEFLÜGEL-SALAT MIT ROTEM PFEFFER

CHICKEN MANGO SALAD

Für den Salat:

- *4 frische Hühnerbrüste, ohne Haut und Knochen*
- *Salz*
- *1/2 TL Korianderpulver*
- *1 TL Chilipulver*
- *1/2 TL Knoblauchpulver*
- *3 EL Olivenöl*
- *1 Kopf Eisbergsalat*

Für das Dressing:

- *1/4 Bund frischer Koriander*
- *3 Zweige glatte Petersilie*
- *3 Frühlingszwiebeln*
- *200 g Mayonnaise*
- *2 TL Currypulver*
- *4 Knoblauchzehen, gepreßt*
- *80 ml Mangosaft*
- *4 EL rote Pfefferkörner, grob zerdrückt*
- *1 TL schwarzer Pfeffer aus der Mühle*

Den Backofengrill vorheizen. Die Hühnerbrüste waschen und trockentupfen. Dann mit Salz, Koriander, Chili und Knoblauch würzen, rundherum mit Olivenöl bestreichen und auf ein Backblech legen. Unter dem Grill etwa 30 Minuten garen.

Für das Dressing den Koriander und die Petersilie waschen, trockenschütteln und fein hacken. Die Frühlingszwiebeln putzen, waschen und ebenfalls fein hacken. Den Eisbergsalat putzen, in einzelne Blätter zerlegen, waschen und abtropfen lassen. Koriander, Petersilie, Zwiebeln, Eisbergsalat sowie alle weiteren Zutaten in eine Schüssel geben und gut vermengen. Mit Salz und schwarzem Pfeffer aus der Mühle würzen.

Das Hühnerfleisch in Streifen schneiden und unter das Dressing mischen. Die Salatblätter auf 4 Tellern auslegen und den Geflügelsalat darauf anrichten.

HIALEAH

KALBSKOTELETTS MIT ANANAS-ZWIEBEL-SAUCE

VEAL CHOPS WITH PINEAPPLE ONION SAUCE

Für die Koteletts Rum, Ananassaft, 2 Eßlöffel Olivenöl, Knoblauch und Limonensaft in einer flachen Schüssel gründlich verrühren. Die Koteletts in der Mischung von allen Seiten wenden und dann mindestens 2 Stunden marinieren lassen.

Für die Ananas-Zwiebel-Sauce die Ananas schälen, vom Strunk sowie den »braunen Augen« befreien und das Fruchtfleisch in kleine Würfel schneiden. In eine Schüssel geben. Die Zwiebeln schälen, fein hacken und dazugeben. Die Paprikaschote halbieren, entkernen, waschen und fein würfeln. Zusammen mit den restlichen Zutaten für die Sauce in die Schüssel geben. Das Ganze gut vermengen und mit Salz und Pfeffer aus der Mühle abschmecken.

Die Koteletts aus der Marinade nehmen, mit einem Papiertuch gut trockentupfen und beidseitig salzen und pfeffern. Mit dem restlichen Olivenöl bestreichen. Unter dem Grill oder in einer Pfanne knusprig braun braten. Zusammen mit der Ananas-Zwiebel-Sauce servieren. Als Beilage eignen sich Bratkartoffeln.

Für die Koteletts:

- *200 ml brauner Rum*
- *120 ml Ananassaft*
- *4 EL Olivenöl*
- *4 Knoblauchzehen, gepreßt*
- *2 EL Limonensaft*
- *4 Kalbskoteletts à ca. 150 g*
- *Salz, Pfeffer aus der Mühle*

Für die Ananas-Zwiebel-Sauce:

- *500 g reife Ananas*
- *2 rote Zwiebeln*
- *1 rote Paprikaschote*
- *2 EL frischer Koriander, fein gehackt*
- *2 TL Limonensaft*
- *2 TL brauner Zucker*
- *1/2 TL Cayennepfeffer*
- *Salz, Pfeffer aus der Mühle*

HIALEAH

IM BANANENBLATT GEBACKENER WOLFSBARSCH

BANANA LEAF WRAPPED SEABASS

Den Backofen auf 240 °C vorheizen. Die Bananenblätter halbieren und unter fließend kaltem Wasser gut waschen. Die Blätter auslegen und mit einem Küchentuch trockentupfen. Die Zwiebeln schälen und fein hacken. Den Knoblauch abziehen und durchpressen. Die Paprikaschoten halbieren, entkernen, waschen und in feine Würfel schneiden. Die Limonen auspressen. Den Koriander und die Petersilie waschen, trockenschütteln und fein hacken. Zwiebeln, Knoblauch, Paprikaschoten, die Hälfte des Limonensaftes sowie 3 Teelöffel Koriander in eine Schüssel geben, gut vermengen und mit Salz und Pfeffer aus der Mühle würzen.

HIALEAH

2 große Bananenblätter
2 Zwiebeln
3 Knoblauchzehen
2 rote Paprikaschoten
4 Limonen
2 Zweige Koriander
1 Zweig Petersilie
Salz, schwarzer Pfeffer aus der Mühle
4 Wolfsbarschfilets à ca. 150 g ohne Haut und Gräten
5 EL Olivenöl
400 g Palmherzen aus der Dose, gut abgetropft

Die Fischfilets ebenfalls mit Salz und Pfeffer aus der Mühle würzen. Ein Backblech mit 1 Eßlöffel Öl bestreichen. Jeweils ein Achtel der Gemüsemischung auf ein halbes Bananenblatt setzen, ein Fischfilet darauf legen und mit einem weiteren Achtel Gemüsemischung abdecken. Die Bananenblätter einrollen, auf das Backblech legen und das Ganze im Ofen etwa 25 Minuten backen.

Inzwischen die Palmherzen in Scheiben schneiden und zusammen mit der Petersilie und dem restlichen Koriander in eine Schüssel geben. Mit dem restlichen Limonensaft und dem restlichen Olivenöl vermengen und mit Salz und schwarzem Pfeffer aus der Mühle abschmecken.

Die Bananenwickel aus dem Ofen nehmen und die Oberseiten einschneiden, so daß man sie aufklappen kann. Auf 4 Tellern anrichten, jeweils Palmherzensalat dazu arrangieren und sofort servieren.

KOKOSNUSS-ANANAS-PUDDING

LATIN COCONUT PINEAPPLE CUSTARD

- 500 g reife Ananas
- 250 g Sahne
- 500 ml Kondensmilch
- 350 ml Milch
- 3 frische Eigelbe
- 2 EL Ahornsirup
- 1 Vanilleschote
- 200 g Biskuitboden (Fertigprodukt)
- 80 ml brauner Rum
- 250 ml Ananassaft
- 150 Kokosraspel
- 2 reife Mangos

Die Ananas schälen, von Strunk und »braunen Augen« befreien und das Fruchtfleisch würfeln. Beiseite stellen. Die Sahne steif schlagen und in den Kühlschrank stellen.

In einer Schüssel Kondensmilch, Milch, Eigelbe und Ahornsirup gründlich verrühren. Die Vanilleschote längs aufschlitzen, das Mark herauskratzen und zu der Milchmischung geben. Die Schüssel im Wasserbad erhitzen und die Milchmischung etwa 10 Minuten lang schaumig rühren, bis eine dickflüssige Creme entsteht.

Den Biskuitboden auf die Größe einer Springform von etwa 24 cm Durchmesser zurechtschneiden. In die Springform legen und mit Rum und Ananassaft beträufeln. Die Hälfte der Puddingmasse darauf verstreichen. Die Hälfte der Ananaswürfel auf dem Pudding verteilen und mit Kokosraspeln bestreuen. Die restliche Puddingmasse bis auf 2 Eßlöffel daraufgeben.

Restliche Ananaswürfel und restliche Kokosraspel darüber schichten. Abschließend mit einer dünnen Schicht Puddingmasse bedecken. Mit der geschlagenen Sahne dekorieren. Das Ganze mit Klarsichtfolie abdecken und im Kühlschrank in 4 bis 5 Stunden fest werden lassen.

Den Tortenring entfernen und den Pudding in Stücke schneiden. Die Mangos schälen, das Fruchtfleisch mit einem scharfen Messer vom Kern lösen und in Streifen schneiden. Den Pudding mit Mangostreifen garnieren.

HIALEAH

Romero Britto
©1990

MANGOKÄSEKUCHEN

MANGO CHEESE PIE

Den Backofen auf 180 °C vorheizen. Für den Boden die Butterkekse im Mixer fein pürieren oder in einen Klarsichtbeutel füllen und mit den Händen fein zerkrümeln. In eine Schüssel geben, Butter, Muskatnuß sowie Limonenschale zufügen und das Ganze gut vermengen. Die Teigkrustenmischung in eine Springform von etwa 24 cm Durchmesser geben und am Boden fest andrücken. Die Springform in den Ofen stellen und den Boden etwa 10 Minuten backen. Dann herausnehmen und erkalten lassen.

Für die Füllung die Mangos schälen, das Fruchtfleisch mit einem scharfen Messer jeweils vom Stein lösen und im Mixer pürieren. In eine Schüssel geben. Den Ahornsirup, den Zitronensaft sowie den Frischkäse beigeben und alles gut verrühren. Die Eier verquirlen und zusammen mit Zucker und Salz hinzufügen. Die Vanilleschote längs aufschneiden, das Mark herauskratzen und zu der Mango-Frischkäse-Masse geben. Das Ganze gründlich vermengen.

Die Masse in die Springform füllen, gleichmäßig verteilen und die Form mit Klarsichtfolie bedecken. Danach in den Kühlschrank geben und den Kuchen in 3 bis 4 Stunden fest werden lassen.

Für den Boden:

- *300 g Butterkekse*
- *80 g flüssige Butter*
- *1 Msp. Muskatnuß, frisch gerieben*
- *1 TL abgeriebene Limonenschale*

Für die Füllung:

- *600 g reife Mangos*
- *2 TL Ahornsirup*
- *Saft von 1/2 Zitrone*
- *500 g Doppelrahmfrischkäse*
- *3 Eier*
- *240 g Zucker*
- *1 Prise Salz*
- *1 Vanilleschote*

HIALEAH

LIMONEN-TEQUILA-MOUSSE MIT HIMBEEREN

LEMON TEQUILA MOUSSE WITH RASPBERRIES

Für die Mousse:

2 Blatt Gelatine
5 unbehandelte Limonen
2 EL Tequila
600 g Sahne
180 g Puderzucker

Für die Himbeeren:

520 g Himbeeren
3 EL Puderzucker
4 kandierte Limonenscheiben
4 Pfefferminzblätter

Die Gelatine in kaltem Wasser einweichen bis sie elastisch weich ist. Von den Limonen die Schale fein abreiben und die Früchte auspressen.

Die Gelatine zusammen mit etwas Wasser im heißen Wasserbad schmelzen. Den Limonensaft, die Limonenschale und den Tequila beigeben. Das Ganze gut verrühren, bis die Gelatine vollständig geschmolzen ist.

Die Sahne zusammen mit dem Puderzucker steif schlagen, dann die Limonen-Tequila-Flüssigkeit mit einem Mixer gründlich darunterrühren.

Die Mousse in eine Schüssel füllen, glattstreichen und mit Klarsichtfolie abdecken. Im Kühlschrank für mindestens 3 bis 4 Stunden kühl stellen. 400 g Himbeeren zusammen mit dem Puderzucker und 4 Eßlöffeln Wasser im Mixer fein pürieren und durch ein Sieb streichen.

Mit Hilfe eines heißen Eßlöffels Nocken von der Limonen-Tequila-Mousse abstechen, auf 4 Tellern anrichten und mit der Himbeersauce umgießen. Mit restlichen Himbeeren, kandierten Limonenscheiben und Pfefferminzblättern garnieren.

HIALEAH

Miami Beach

Vom unzugänglichen Mangrovensumpf zur pulsierenden Großstadt mit schwindelerregenden Wolkenkratzern, exklusiven Restaurants, gepflegten Golfplätzen und denkmalgeschützten Art Deco-Fassaden in nur 50 Jahren, das ist die einzigartige Entwicklungsgeschichte von Miami Beach. Wo läßt sich diese Erfolgsstory besser feiern als mit einem ausgedehnten Dinner bei Sonnenuntergang auf dem Ocean Drive?

Muß man Architekt sein, um Art Deco bewundern zu können? Zumindest nicht in Miami Beach. Der Stromlinienstil, der den heute unter Denkmalschutz stehenden Gebäuden Charakter und Atmosphäre von Ozeandampfern geben sollte, wurde in den Zwanziger und Dreißiger Jahren angewandt. Heute haben sich im Art Deco-District nicht nur Geschäftsleute, sondern vor allem Trendsetter und Schickeria niedergelassen und so ist ein Bummel durch die Straßen in jeder Hinsicht ein Vergnügen.

SPINATSALAT MIT BLUTORANGEN & MACADAMIANÜSSEN

SPINACH SALAD WITH BLOOD ORANGES & MACADIAMIANUTS

Die Spinatblätter von den Stielen befreien, waschen und gut abtropfen lassen. Die Maiskörner in der Butter schwenken und abkühlen lassen. Dann in eine Schüssel geben und mit dem Koriander und der Zwiebel vermengen. Die Orangen schälen und die Fruchtfilets mit einem scharfen Messer herauslösen.

Für das Dressing Orangen- und Zitronensaft, Olivenöl sowie Senf gründlich verrühren. Den Knoblauch schälen, dazupressen und unterrühren. Das Dressing mit Salz und Pfeffer aus der Mühle abschmecken.

Die Spinatblätter zum Mais geben. Orangenfilets und Nüsse hinzufügen. Das Dressing darübergießen und alles vorsichtig vermischen.

Tip:

Servieren Sie den Spinatsalat möglichst rasch, er fällt leicht zusammen. Reichen Sie frisches Weißbrot oder geröstetes Knoblauchbaguette dazu.

Für den Salat:

- *120 g junge Blattspinatblätter*
- *120 g Maiskörner, gekocht*
- *3 EL Butter*
- *2 TL frischer Koriander, fein gehackt*
- *1 rote Zwiebel, fein gehackt*
- *2 Blutorangen*
- *100 g Macadamianüsse, grob gehackt*

Für das Dressing:

- *60 ml Orangensaft, frisch gepreßt*
- *Saft von 1 Zitrone*
- *50 ml Olivenöl*
- *1 TL mittelscharfer Senf*
- *½ Knoblauchzehe*
- *Salz, Pfeffer aus der Mühle*

MIAMI BEACH

SCHWARZER BOHNENSALAT MIT RIESENGARNELEN

BLACK BEAN SALAD WITH SHRIMPS

Für den Salat:

4 reife Pfirsiche
1 Kopf Friseésalat
250 g schwarze Bohnen, gekocht
6 EL Olivenöl
4 EL Zitronensaft
Salz, Pfeffer
3 TL Pfefferminze, gehackt

Außerdem:

20 Riesengarnelen, ohne Schale und Darm
Cajun-Gewürzmischung (Rezept s.S.146)
2 EL Butter
1 EL Olivenöl
1/2 Zitrone, in Scheiben

Für den Salat die Pfirsiche schälen, halbieren, entsteinen und das Fruchtfleisch in Spalten schneiden. In eine Schüssel geben. Den Salat putzen, in kleine Zweige zupfen, waschen und trockenschleudern. Zu den Pfirsichen geben. Dann die Bohnen hinzufügen.

Olivenöl und Zitronensaft gründlich verrühren, mit Salz und Pfeffer würzen und die Pfefferminze untermengen. Das Dressing über den Salat gießen und das Ganze vorsichtig mischen.

Die Garnelen mit der Cajun-Gewürzmischung kräftig würzen. Butter und Olivenöl in einer großen Pfanne erhitzen und die Garnelen darin von allen Seiten anbraten. Dann die Hitze reduzieren und die Garnelen in etwa 5 Minuten gar ziehen lassen.

Den Salat auf 4 Teller verteilen. Je 5 Garnelen dazu arrangieren und alles mit Zitronenscheiben garnieren.

MIAMI BEACH

KOPFSALAT MIT HONIG-LIMONEN-DRESSING

LETTUCE SALAD WITH HONEY LIME DRESSING

Für das Dressing die Schalotten schälen und sehr fein hacken. Honig, Limonensaft und -schale, Walnuß- und Sonnenblumenöl mit einem Schneebesen gründlich verrühren. Dann die Schalottenwürfel untermengen und das Dressing mit Salz sowie Pfeffer aus der Mühle würzen.

Für den Salat die Erdnüsse in einer beschichteten Pfanne ohne Fettzugabe so lange rösten, bis sie zu duften beginnen. Abkühlen lassen. Den Salat putzen, in einzelne Blätter teilen, waschen und trockenschleudern. Die Blätter in eine Schüssel geben.

Die Mandarinen schälen, dabei das Weiße sorgfältig mit entfernen. Das Fruchtfleisch in einzelne Filets teilen und zum Salat geben. Erdnüsse und Pfefferminze hinzufügen. Das Honig-Limonen-Dressing darübergießen und das Ganze vorsichtig vermischen. Den Salat auf Tellern anrichten. Als Beilage eignet sich frisches Stangenweißbrot.

Für das Honig-Limonen-Dressing:

- *2 Schalotten*
- *4 EL Honig*
- *50 ml Limonensaft, frisch gepreßt*
- *abgeriebene Schale von 1 Limone*
- *50 ml Walnußöl*
- *50 ml Sonnenblumenöl*
- *Salz, Pfeffer*

Für den Salat:

- *100 g Erdnüsse, ungesalzen*
- *2 Kopfsalat*
- *3 Mandarinen*
- *3 TL frische Pfefferminze, fein gehackt*

MIAMI BEACH

KRABBENKUCHEN-SANDWICH MIT KORIANDER-MAYONNAISE

CRABCAKE SANDWICH WITH CORIANDER MAYONNAISE

MIAMI BEACH

Die Garnelen und das Lachsfilet waschen, trockentupfen und das Fleisch sehr klein schneiden. Zusammen in eine Schüssel geben. Den Koriander, die Petersilie sowie den Schnittlauch waschen, trockenschütteln und fein hacken. Die Kräuter, die Mayonnaise sowie die Eigelbe zu den Garnelen und dem Lachs hinzufügen, alles gut vermengen und mit Salz und Pfeffer aus der Mühle würzen. Aus der Masse kleine Kuchen formen, diese in den Semmelbröseln wenden und etwas flach drücken. In einer Pfanne die Butter und das Olivenöl erhitzen und die Krabbenkuchen darin goldgelb braten.

Den Speck in einer Pfanne ohne Fettzugabe knusprig braten. Die Tomaten waschen, vom Stielansatz befreien und in Scheiben schneiden. Den Salat putzen, in Blätter zerteilen, waschen und trockenschleudern.

Die Brioche-Brötchen quer halbieren, toasten und auf 4 Tellern auslegen. Je 1 Blatt Eisbergsalat und 1 Krabbenkuchen daraufsetzen. Das Ganze mit den Tomatenscheiben und dem Speck garnieren.

400 g Garnelenfleisch
200 g frisches Lachsfilet
ohne Haut und Gräten
1 Zweig Koriander
2 Zweige glatte Petersilie
6 Schnittlauchhalme
4 EL Mayonnaise
2 frische Eigelbe
Salz, weißer Pfeffer aus der Mühle
4 EL Semmelbrösel
2 EL Butter
4 EL Olivenöl
8 Scheiben Speck
2 Tomaten
1 Kopf Eisbergsalat
4 Brioche-Brötchen, gesalzen

PASTRAMI-SANDWICH MIT ZWIEBELRINGEN

PASTRAMI SANDWICH WITH ONION RINGS

2 Eier
250 ml Milch
2 EL flüssige Butter
Salz, weißer Pfeffer aus der Mühle
3 TL rotes Chilipulver
250 g Mehl
3 Zwiebeln
Mehl zum Wenden
Öl zum Ausbraten
8 Scheiben Weißbrot
4 EL Butter
1 Kopf Eisbergsalat
150 g mildes Sauerkraut, gekocht
140 g Pastrami
100 g Käsescheiben
(z. B. Monterey Jack)
3 TL grobkörniger Senf

Eier in eine Schüssel aufschlagen, verquirlen und Milch, Butter, Salz, weißen Pfeffer aus der Mühle, 2 Teelöffel Chilipulver sowie Mehl hinzufügen. Alles zu einem glatten Teig verrühren. Die Zwiebeln schälen und in dünne Ringe schneiden, in Mehl wenden und mit Hilfe einer Gabel durch den Teig ziehen. In einem großen Topf reichlich Öl erhitzen und die Zwiebelringe darin portionsweise goldgelb ausbacken. Mit einem Schaumlöffel aus dem Öl heben, auf Küchenpapier gut abtropfen lassen und mit Salz und Chilipulver würzen.

Den Backofengrill vorheizen. Die Brotscheiben mit der Butter bestreichen und auf einer Fläche auslegen. Den Eisbergsalat putzen, waschen, trockenschleudern und in Streifen schneiden. Zusammen mit dem Sauerkraut auf 4 Brotscheiben anrichten. Pastrami in dünne Scheiben schneiden. Abwechselnd Pastrami- und Käsescheiben auf die 4 Brotscheiben legen. Oberste Schicht mit Senf bestreichen und mit den restlichen Brotscheiben abdecken. Die Außenseiten der Sandwiches jeweils mit Butter bestreichen, das Ganze auf ein Backblech legen und im Backofen auf beiden Seiten grillen.

Die Sandwiches aus dem Ofen nehmen, halbieren und schräg aneinandergelegt auf 4 Tellern anrichten. Jeweils Zwiebelringe dazulegen und alles servieren.

Tip:
Dazu einen Blattsalat servieren.

MIAMI BEACH

IN HONIG MARINIERTES HÜHNCHEN MIT BOHNEN

HONEY ROASTED CHICKEN WITH BEANS

- 180 g schwarze Bohnen
- 1,2 l Geflügelbrühe
- 1 Lorbeerblatt
- 1 Zweig Rosmarin
- 2 Zwiebeln
- 1 rote Paprikaschote
- 4 EL Olivenöl
- 3 Knoblauchzehen, gepreßt
- 60 g Butter
- Saft von 1 Zitrone
- Salz, schwarzer Pfeffer aus der Mühle
- 1 küchenfertiges Hühnchen von ca. 1,5 kg
- 1/2 Bd. Rosmarin
- 5 EL Akazienhonig
- 150 ml Balsamicoessig
- Kräuterzweige zum Garnieren

Die Bohnen am Vortag in kaltem Wasser einweichen. Das Einweichwasser abgießen und die Bohnen in 1 Liter kalter Geflügelbrühe aufkochen. Das Lorbeerblatt und den Rosmarinzweig dazugeben und die Bohnen in etwa 1 Stunde weich kochen. Das Kochwasser abgießen. Die Zwiebeln schälen und fein hacken. Die Paprikaschote halbieren, entkernen, waschen und das Fruchtfleisch fein würfeln. Das Olivenöl in einer Pfanne erhitzen und die Zwiebeln und den Knoblauch darin anbraten. Die Paprikawürfel hinzufügen und mitdünsten. Die Bohnen und 3 Eßlöffel Butter dazugeben und das Ganze auf kleinem Feuer etwa 15 Minuten köcheln lassen. Mit Zitronensaft, Salz und Pfeffer aus der Mühle würzen. Beiseite stellen.

Den Backofen auf 200 °C vorheizen. Das Hühnchen waschen und trockentupfen. Den Rosmarin waschen, trockenschütteln und fein hacken. Je 2 Eßlöffel Akazienhonig und Balsamicoessig miteinander verrühren und das Hühnchen damit einreiben. 1 Teelöffel Rosmarin und 3 Eßlöffel Butter in den Bauch des Hühnchens geben. Mit Salz und Pfeffer aus der Mühle würzen. Das Hühnchen in einen Bräter legen, mit den restlichen Butterflocken belegen und im Ofen in etwa 1 Stunde und 15 Minuten knusprig goldgelb braten. Dabei mehrmals mit dem eigenen Saft übergießen.

Für die Sauce restlichen Balsamicoessig, Akazienhonig und Geflügelbrühe in eine Pfanne geben, das Ganze zusammen aufkochen und auf ein Drittel einkochen lassen. Die Bohnen erneut erhitzen, dann auf 4 Tellern anrichten. Das Hühnchen zerteilen und die Stücke auf die Bohnen legen. Jeweils mit etwas Sauce übergießen und mit Kräuterzweigen garnieren.

MIAMI BEACH

GEFLÜGELSALAT MIT ERDNUSSDRESSING

CHICKEN SALAD WITH PEANUT DRESSING

MIAMI BEACH

Den Backofen auf 100 °C vorheizen. Die Hühnerbrüste waschen, trockentupfen und mit Salz und Pfeffer aus der Mühle würzen. Das Olivenöl erhitzen und die Hühnerbrüste darin von allen Seiten anbraten. Dann auf ein Backblech legen, in den Ofen geben und in etwa 20 Minuten fertig garen. Reis, Brokkoliröschen und grüne Spargelspitzen jeweils in Salzwasser garen. Anschließend abgießen und abkühlen lassen. Die Paprikaschote halbieren, entkernen, waschen und in kleine Würfel schneiden.

Die beiden Salatköpfe putzen, in einzelne Blätter teilen, waschen und trockenschleudern. Die Salatblätter auf Tellern auslegen. Die Zutaten für das Dressing in einer kleinen Schüssel mit einem Schneebesen gründlich verrühren. Mit Salz und Pfeffer würzen.

Den abgekühlten Reis in eine Schüssel geben. Brokkoliröschen sowie Spargelspitzen untermengen. Die Hälfte des Dressings hinzufügen, das Ganze gut vermischen und eventuell mit Salz und Pfeffer nachwürzen.

Jeweils etwas Reismischung auf den Salatblättern anrichten. Die gebratenen Hühnerbrüste jeweils schräg aufschneiden und auf den Reis setzen. Alles mit dem restlichen Dressing beträufeln.

Für den Salat:
- *6 frische Hühnerbrüste*
- *Salz, Pfeffer aus der Mühle*
- *3 EL Olivenöl*
- *300 g Basmatireis*
- *300 g Brokkoliröschen*
- *12 grüne Spargelspitzen*
- *1 rote Paprikaschote*
- *1 Kopf Friséesalat*
- *1 Kopfsalat*

Für das Dressing:
- *3 EL Erdnußbutter*
- *4 EL Reisessig*
- *1/2 TL Currypulver*
- *1 TL frischer Ingwer, fein gerieben*
- *2 TL dunkles Sesamöl*
- *1 EL Sojasauce*
- *2 EL frischer Koriander, fein gehackt*
- *1 Zwiebel, fein gehackt*
- *2 TL schwarze Sesamkörner*
- *5 EL Pinienöl*
- *4 EL Olivenöl*
- *Saft von 1 1/2 Zitronen*

MEERESFRÜCHTE IN SCHARFER ERDNUSS-SAUCE

SEAFOOD IN SPICY PEANUT SAUCE

600 g frische Heilbuttfilets
500 g Riesengarnelen
Salz
3 EL Olivenöl
2 rote Zwiebeln
1 grüne Paprikaschote
2 große reife Tomaten
2 TL frischer Ingwer, fein gehackt
1 TL frischer Koriander, fein gehackt
250 ml Geflügelbrühe
120 ml Kokosmilch
3 EL Erdnußbutter
50 g gesalzene Erdnüsse
150 g Kokosraspel
1/2 TL Chilipulver
Pfeffer aus der Mühle

Die Heilbuttfilets waschen, trockentupfen und in etwa 30 bis 35 g schwere Würfel schneiden. Die Riesengarnelen schälen und jeweils den Darm entfernen. Fisch und Garnelen mit Salz würzen und im Olivenöl scharf anbraten. Aus der Pfanne nehmen und zur Seite stellen.

Die Zwiebeln schälen und fein hacken. Die Paprikaschote halbieren, entkernen, waschen und fein würfeln. Die Tomaten über Kreuz einritzen, heiß überbrühen, vom Stielansatz befreien, enthäuten und das Fruchtfleisch kleinschneiden.

Die Zwiebeln und die Paprikaschote im Bratensatz der Fische andünsten. Den Ingwer und den Koriander beigeben. Die Tomaten hinzufügen und mit der Brühe und der Kokosmilch auffüllen. Die Erdnußbutter und die Erdnüsse beigeben. Die Sauce gut verrühren und bei milder Hitze 15 bis 20 Minuten köcheln lassen.

Anschließend im Mixer fein pürieren, zurück in die Pfanne gießen, die Kokosraspel beigeben und das Ganze weitere 5 bis 10 Minuten köcheln lassen. Mit Chilipulver, Salz und schwarzem Pfeffer aus der Mühle würzen.

Kurz vor dem Servieren die Heilbuttwürfel und die Garnelen in die Sauce geben und kurz darin heiß werden lassen. Als Beilage eignet sich weißer Reis, gewürzt mit fein geriebener Zitronen- oder Limonenschale.

MIAMI BEACH

HONIG-ESTRAGON-SORBET MIT KARAMELÄPFELN

HONEY-TARRAGON SORBET WITH CARAMELIZED APPLES

- 5 Zweige Estragon
- 550 g Honig
- 250 g Zucker
- 1 Prise Salz
- 1 Eiweiß
- 5 Äpfel
- 1 EL Butter
- Saft von 1 Zitrone
- 1 TL Zimtpulver
- 1 Vanilleschote
- 100 ml Milch
- 100 g Sahne
- 2 frische Eigelbe
- Puderzucker zum Bestäuben
- Pfefferminzblätter zum Garnieren

Den Estragon 1 Minute in reichlich kochendem Wasser blanchieren. Das Wasser abgießen, den Estragon fein hacken und zusammen mit 350 g Honig, 1,2 l Wasser, 150 g Zucker und Salz aufkochen lassen. Das Ganze vom Herd nehmen und etwa 20 Minuten ziehen lassen. Erkalten lassen, durch ein Sieb passieren und das Eiweiß hinzufügen. Alles im Gefriergerät zu einem Sorbet gefrieren.

Die Äpfel schälen, vierteln, entkernen und in Spalten schneiden. Die Butter in einer Pfanne erhitzen und den restlichen Zucker darin hellbraun karamelisieren lassen. Die Apfelspalten dazugeben und mit Wasser ablöschen. 100 g Honig, den Zitronensaft sowie das Zimtpulver hinzufügen und das Ganze 2 bis 3 Minuten ziehen lassen.

Die Vanilleschote längs aufschneiden. Milch, die Sahne und die Vanilleschote zusammen aufkochen lassen. Die Eigelbe und den restlichen Honig miteinander verrühren, die heiße Milch-Sahne-Mischung unterrühren. Das Ganze zurück in den Topf geben und kochen lassen, bis die Masse dickflüssig ist. Erkalten lassen.

Die Honigsauce auf 4 Teller gießen, jeweils karamelisierte Apfelspalten auf der Tellermitte anrichten und darauf jeweils etwas Sorbet arrangieren. Das Ganze mit Puderzucker bestäuben und mit Pfefferminzblättern garnieren.

MIAMI BEACH

Joe's Seafood

Floridas Küsten sind mit einem unglaublichen Reichtum an Fischen und Meeresfrüchten gesegnet. Der berühmte »Red Snapper«, einer der köstlichsten Speisefische, wird hier in den warmen Zonen des Atlantiks gefangen, außerdem gibt es hervorragende Schwert- und Thunfische. Aus dem Golf kommen köstliche Garnelen, Hummer, Austern, Muscheln und Krabben. Die schmackhaften Steinkrabben sind eine Spezialität Floridas, diese sollte man sich keinesfalls entgehen lassen.
Joe's Seafood ist **das** Fischrestaurant in der Nähe von Miami, ohne Tischreservierung wird man kaum einen Platz finden.

STEINKRABBENSALAT MIT MELONE

STONECRAB SALAD WITH MELON

JOE'S SEAFOOD

Die Melone halbieren, die Kerne herauskratzen und vom Fruchtfleisch mit Hilfe eines Teelöffels kleine Bällchen ausstechen. In eine Schüssel geben. Den Salat putzen, in einzelne Blätter zerteilen, gut waschen und abtropfen lassen. Die Gurke waschen, längs halbieren, entkernen und in dünne Scheiben schneiden.

Das Krabbenfleisch und die Kräuter zu den Melonenkugeln geben. Für das Dressing Orangensaft, Olivenöl, Sesamöl, Ingwer und Zitronensaft gründlich verrühren. Mit Salz und Pfeffer aus der Mühle kräftig würzen.

Die Salatblätter und die Gurkenscheiben in die Schüssel geben. Das Dressing darübergießen und alles vorsichtig vermischen. Den Salat mit Sesamkörnern bestreuen.

Tip:

Steinkrabben sind eine Spezialität Floridas. Sie gehören zur Krebsfamilie, und das Fleisch dieser Meeresfrüchte schmeckt fein-aromatisch. Wenn Sie keine Steinkrabben bekommen können, verwenden Sie einfach Krabbenfleisch aus der Dose. Dunkles Sesamöl und Sesamsamen erhalten Sie in Asienläden.

Für den Salat:

1 Honigmelone

1 Kopfsalat

1 Salatgurke

300 g gekochtes Steinkrabbenfleisch, in großen Stücken

1 EL frischer Koriander, fein gehackt

2 EL Petersilie, fein gehackt

Für das Dressing:

50 ml Orangensaft, frisch gepreßt

50 ml Olivenöl

1 TL dunkles Sesamöl

1 TL frischer Ingwer, fein gehackt

Saft von 1 Zitrone

Salz und Pfeffer aus der Mühle

2 TL schwarze Sesamkörner

GEBRATENE GARNELEN MIT RUM & KNOBLAUCH

SHRIMPS WITH RUM & GARLIC

- *3 Knoblauchzehen*
- *2 rote Zwiebeln*
- *1/4 rote Pfefferschote*
- *3 EL Butter*
- *2 EL Olivenöl*
- *24 ausgelöste Riesengarnelen*
- *1 Zweig Koriander*
- *1 Zweig Petersilie*
- *1 Zweig Pfefferminze*
- *100 ml brauner Rum*
- *2 TL Zitronensaft*
- *Salz, Pfeffer aus der Mühle*
- *Zitronensaft nach Belieben*

Den Knoblauch schälen und in dünne Scheibchen schneiden. Die Zwiebeln schälen und fein hacken. Die Pfefferschote halbieren, entkernen waschen und in feine Würfel schneiden. Die Butter und das Olivenöl in einer großen Pfanne erhitzen. Die Garnelen darin von allen Seiten scharf anbraten. Die Hitze reduzieren und die Pfefferschote, die Zwiebeln sowie den Knoblauch hinzufügen. Unter Rühren mitbraten.

Koriander, Petersilie und Pfefferminze waschen, gut abtropfen lassen und fein hacken. In einer kleinen Schüssel mit dem Rum sowie dem Zitronensaft vermengen. Mit Salz und Pfeffer würzen. Diese Mischung über die Garnelen gießen und das Ganze kurz aufkochen lassen. Dann die Garnelen mit einem Schaumlöffel herausheben und die Sauce etwas einkochen lassen. Die Garnelen wieder hineinlegen und kurz erhitzen. Nach Belieben mit etwas Zitronensaft beträufeln. Anschließend sofort servieren.

Tip:
Als Beilage eignen sich Reis und gedämpfter Blattspinat.

JOE'S SEAFOOD

HUMMERSCHWÄNZE MIT KNOBLAUCH

FLORIDA GARLIC BROILED LOBSTER

JOE'S SEAFOOD

Die Hummerschwänze längs halbieren, dabei den dunklen Darm entfernen. Die Schalotten schälen und fein hacken, Den Sellerie waschen und kleinschneiden. Die Knoblauchzehen abziehen und durchpressen.

Die Butter in einer großen Pfanne erhitzen, Schalotten und Sellerie darin andünsten. Den Knoblauch dazugeben und kurz mitdünsten. Die Kräuter und die Maiskörner hinzufügen. Die Hummerschwänze auf das Gemüse legen.

Zitronensaft darüberträufeln, das Paprikapulver darüberstäuben und den Weißwein angießen. Die Pfanne mit Alufolie zudecken und die Hummerschwänze bei milder Hitze weich garen.

Den Speck in feine Streifen schneiden und in einer Pfanne knusprig braten. Die Hummerschwänze auf 4 Tellern anrichten, jeweils mit Gemüsesauce umgießen und mit knusprig gebratenen Speckstreifen garnieren.

Tip:
Als Beilage eignet sich weißer Reis mit gerösteten Pinienkernen oder ein Champagner-Kräuter-Risotto.

8 rohe Hummerschwänze
4 Schalotten
50 g Staudensellerie
3 Knoblauchzehen
50 g Butter
3 EL Petersilie, fein gehackt
3 EL Basilikum, fein gehackt
3 EL Maiskörner, aus der Dose
1 TL Zitronensaft
1/2 TL edelsüßes Paprikapulver
4 EL Weißwein
4 Scheiben Frühstücksspeck

Romero Britto - USA

MUSCHELN MIT ZWIEBELN, KNOBLAUCH & PAPRIKA

SOFRITO STEAMED MUSSELS

- *1 kg frische Miesmuscheln*
- *1 Bund Frühlingszwiebeln*
- *4 Knoblauchzehen*
- *1 gelbe Paprikaschote*
- *1 grüne Paprikaschote*
- *1 grüne Chilischote*
- *2 EL Olivenöl*
- *2 EL frischer Koriander, fein gehackt*
- *2 EL Petersilie, fein gehackt*
- *Salz, Pfeffer aus der Mühle*
- *300 ml trockener Weißwein*

Die Muscheln unter fließendem Wasser gründlich bürsten. Bereits geöffnete Muscheln aussortieren und wegwerfen. Den Knoblauch abziehen. Die Frühlingszwiebeln putzen, waschen und in feine Streifen schneiden. Die Paprikaschoten halbieren, entkernen, waschen und fein würfeln. Die Chilischote längs halbieren, entkernen und fein hacken.

Das Olivenöl in einem großen Topf erhitzen und Frühlingszwiebeln, Paprikawürfel sowie Chilischote darin andünsten. Das Gemüse sollte glasig, aber noch bißfest sein. Dann die Kräuter hinzufügen, den Knoblauch dazupressen und das Ganze mit Salz und Pfeffer aus der Mühle würzen. Die Muscheln beigeben, gut umrühren und den Weißwein angießen.

Den Topf verschließen und die Muscheln bei mittlerer Hitze etwa 8 Minuten garen. Anschließend mit einem Schaumlöffel herausnehmen. Muscheln, die sich beim Garen nicht geöffnet haben, entfernen und wegwerfen. Die Muscheln zusammen mit dem Gemüsesud und knusprigem Baguettebrot servieren.

JOE'S SEAFOOD

THUNFISCHSTEAKS MIT MANGO-PFEFFER-SAUCE

TUNA STEAKS WITH MANGO PEPPER SAUCE

Für den Thunfisch:

750 g frisches Thunfischfilet am Stück
Saft von 2 Limonen
5 EL grob zerstoßener schwarzer Pfeffer
4 EL Olivenöl

Für die Mango-Pfeffer-Sauce:

3 reife Mangos
1 rote Zwiebel, fein gehackt
2 Knoblauchzehen, gepreßt
1 gelbe Paprikaschote
2 TL Petersilie, fein gehackt
1 EL frischer Koriander, fein gehackt
Salz, Pfeffer
1/4 TL Cayennepfeffer

Außerdem:

Koriander und Petersilie zum Garnieren

Den Backofen auf 80 °C vorheizen. Das Thunfischfilet waschen, trockentupfen, mit Limonensaft beträufeln und im schwarzen Pfeffer wenden. Das Olivenöl in einer Kasserolle erhitzen und das Fischfilet darin von allen Seiten scharf anbraten. Dann die Kasserolle in den Ofen geben und den Fisch in 15 bis 20 Minuten garen.

Inzwischen für die Mango-Pfeffer-Sauce die Mangos schälen, das Fruchtfleisch mit einem scharfen Messer von den Steinen lösen und pürieren. Das Püree in einer kleinen Schüssel mit Zwiebel und Knoblauch vermischen. Die Paprikaschote halbieren, entkernen, waschen und in kleine Würfel schneiden. Zusammen mit Petersilie und Koriander zum Püree geben. Die Sauce gut vermengen. Mit Salz, Pfeffer und Cayennepfeffer kräftig würzen.

Das Thunfischfilet aus dem Ofen nehmen, in Medaillons schneiden und auf 4 Tellern verteilen. Die Mango-Pfeffer-Sauce jeweils dazugeben. Alles mit Koriander und Petersilie garnieren. Dazu paßt Reis.

Georgia Border

Im 17. Jahrhundert besiedelten französische Einwanderer die Südstaaten der USA. Ihre Nachfahren nannten sich Cajuns. Zusammen mit den Kreolen und unter dem Einfluß indianischer, afrikanischer und englischer Kultur entwickelten sie die Cajun-Küche. Deren »scharfer« Zauber bietet wahrhaft spektakuläre Genüsse, aus diesem Grund hat sie sich auch über Georgia bis in den Norden Floridas verbreitet, wo sie sich größter Beliebtheit erfreut.

CAJUN-GEWÜRZMISCHUNG

CAJUN SPICE

- 3 EL Salz
- 2 EL Knoblauchpulver
- 2 TL Cayennepfeffer
- 2 TL Majoran, getrocknet
- 2 TL Oregano, getrocknet
- 1 TL rosenscharfes Paprikapulver
- 2 TL Zwiebelpulver
- 1 TL Kümmelpulver
- 1 TL gemahlener Koriander

Alle angegebenen Zutaten in einer kleinen Schüssel gründlich vermengen. Dann in ein Schraubdeckelglas füllen und kühl und dunkel aufbewahren. Das Rezept ergibt etwa 100 g Gewürzmischung. Diese eignet sich für Fleisch, Fisch, Meeresfrüchte und für pikante Saucen.

GEORGIA BORDER

ROTER SCHNAPPER MIT PAPRIKA & KNOBLAUCH

RED SNAPPER WITH PEPPER & GARLIC

Für die Marinade:

- 5 Knoblauchzehen
- 60 ml Olivenöl
- 1 1/2 TL Paprikapulver
- 50 ml Weißwein
- Saft von 1/2 Orange
- Saft von 1/2 Zitrone
- 1 TL Korianderpulver
- 1 TL Thymianpulver
- Salz, schwarzer Pfeffer aus der Mühle
- 1 küchenfertiger roter Schnapper von ca. 2 kg

Für das Gemüse:

- 2 rote Paprikaschoten
- 2 gelbe Paprikaschoten
- 1 grüne Paprikaschote
- 1 rote Zwiebel
- 1/2 Bd. frischer Koriander
- 2 EL Olivenöl
- 2 Limonen

Die Knoblauchzehen abziehen und in eine Schüssel pressen. Die restlichen Zutaten für die Marinade hinzufügen und alles gut vermengen. Den Fisch waschen und trockentupfen. Die Marinade über den Fisch gießen und auch die Bauchinnenseiten damit einreiben. Den Fisch in der Marinade mindestens 2 Stunden ziehen lassen, währenddessen noch mehrmals einreiben.

Den Backofen auf 180 °C vorheizen. Die Paprikaschoten halbieren, entkernen, waschen und in feine Streifen schneiden. Die Zwiebel schälen und in Ringe schneiden. Den Koriander waschen, trockenschütteln, die Blättchen abzupfen und fein hacken. Das Gemüse und den Koriander auf einem Backblech verteilen und den Fisch darauf legen. Mit dem Olivenöl und der Marinade beträufeln und im Ofen gar ziehen lassen. Dabei den Fisch in den ersten Minuten des Backens mit Alufolie abdecken. Die Limonen in Schnitze schneiden. Den Fisch herausnehmen, mit Limonenschnitzen garnieren und servieren.

LAMMKRAPFEN MIT PFEFFERMINZSAUCE

LAMB EMPANADAS WITH MOJO

Für den Teig:

375 g Mehl
120 ml Olivenöl
120 ml Eiswasser
1 TL Salz

Für die Füllung:

4 EL Olivenöl
2 Zwiebeln, fein gehackt
400 g Lammhackfleisch
1 rote Paprikaschote, fein gehackt
1 gelbe Paprikaschote, fein gehackt
1 Knoblauchzehe, gepreßt
2 Tomaten, gewürfelt
2 EL Tomatenpüree (Dose)
120 ml Rotwein
50 ml Sherry
4 EL grüne und schwarze Oliven, fein gehackt
Salz, schwarzer Pfeffer aus der Mühle

Außerdem:

Mehl für die Arbeitsfläche
1 Eiweiß zum Bestreichen
Olivenöl zum Bestreichen

Für die Pfefferminzsauce:

2 Bd. frische Pfefferminze
3 Knoblauchzehen, geschält
50 ml Rotweinessig
80 ml Olivenöl
Salz und schwarzer Pfeffer aus der Mühle

Für den Teig alle Zutaten in eine Schüssel geben und mit den Knethaken eines Rührgerätes zu einem glatten, geschmeidigen Teig verarbeiten. Den Teig in Klarsichtfolie packen und im Kühlschrank 1 Stunde ruhen lassen.

Für die Füllung das Olivenöl in einer Pfanne erhitzen und die Zwiebeln und das Fleisch darin andünsten. Die Gemüsesorten sowie das Tomatenpüree dazugeben, gut umrühren und mit dem Rotwein sowie dem Sherry ablöschen. Das Ganze auf kleinem Feuer etwa 20 Minuten köcheln lassen. Dann die Oliven hinzufügen und alles mit Salz und schwarzem Pfeffer aus der Mühle pikant würzen. Aus der Pfanne nehmen und erkalten lassen.

Den Backofen auf 180 °C vorheizen. Den Teig auf einer bemehlten Arbeitsfläche dünn ausrollen und mit einem runden Ausstecher Teigstücke von etwa 12 cm Durchmesser ausstechen. Jeweils 1 Eßlöffel Füllung auf die Teigmitte setzen, den Rand mit Eiweiß bestreichen. Die Teigstücke zu Taschen zusammenfalten und den Rand andrücken. Mit Olivenöl bestreichen, auf ein Backblech setzen und im Ofen goldgelb backen.

Für die Sauce die Pfefferminze waschen, trockenschütteln, die Blätter abstreifen. Zusammen mit den restlichen Zutaten im Mixer pürieren und mit Salz und Pfeffer aus der Mühle würzen.

Die Empanadas aus dem Ofen nehmen, auf 4 Tellern anrichten und jeweils mit Pfefferminzsauce umgießen.

GEORGIA BORDER

SCHWERTFISCH MIT HONIG-PAPAYA-RAGOUT

SWORDFISH WITH HONEY PAPAYA RAGOUT

GEORGIA BORDER

Für das Papayaragout die Papayas schälen, halbieren und entkernen. Das Fruchtfleisch in Würfel schneiden, in eine Schüssel geben und Honig, Öl, Sojasauce, Schnittlauch sowie Sesamkörner hinzufügen. Alles gut vermengen und mit Salz und Pfeffer aus der Mühle würzen.

Für das Dressing alle Zutaten in eine Schüssel geben, gut vermischen und mit Salz und Pfeffer aus der Mühle würzen.

Den Backofen auf 80 °C vorheizen. Den Schwertfisch mit Salz und Pfeffer aus der Mühle würzen, mit Öl bestreichen und in einer Pfanne auf beiden Seiten anbraten. Den Fisch vom Herd nehmen und im Ofen gar ziehen lassen.

Den Reis in ein Sieb geben und unter fließend kaltem Wasser abspülen, bis das Wasser klar bleibt. Zusammen mit 400 ml Wasser und etwas Salz in einen Topf geben und aufkochen lassen. Dann bei kleiner Hitze abgedeckt köcheln lassen, bis er weich ist und das Wasser vollständig absorbiert wurde. Den Reis leicht mit einer Gabel umrühren und mit Zitronenschale, Koriander, Salz und flüssiger Butter vermengen. Die Masse in hohe Förmchen füllen, den Reis leicht andrücken und auf Teller stürzen. Den Fisch dazu anrichten und mit dem Dressing umgießen. Das Papayaragout dazugeben und alles mit Kräuterzweigen garnieren.

Für das Papayaragout:

3 Papayas
1 EL Honig
4 EL Olivenöl
1 TL Sojasauce
2 EL Schnittlauch, fein geschnitten
2 TL schwarze Sesamkörner
Salz, schwarzer Pfeffer aus der Mühle

Für das Dressing:

2 EL frischer Koriander, fein gehackt
2 kleine Zwiebeln, fein gehackt
4 EL Rotweinessig
2 EL Balsamicoessig
100 ml Olivenöl

Für den Fisch:

4 Schwertfischsteaks à 200 g, ohne Haut und Gräten
50 ml Olivenöl

Für den Reis:

200 g Basmatireis
abgeriebene Schale von 1 unbehandelten Zitrone
2 EL Koriander, fein gehackt
3 EL flüssige Butter

MIT HONIG & ANANAS GLASIERTER SCHWEINEBRATEN

PINEAPPLE HONEY GLAZED ROAST PORK

Limonen-, Ananas- und 100 ml Orangensaft in eine Schüssel geben und verrühren.

Die unbehandelte Orange waschen, abtrocknen und die Schale abreiben. Zusammen mit den Ananasstücken im Mixer fein pürieren und zu der Saftmischung geben. Knoblauch, Kümmel, Muskatnuß, Oregano sowie Olivenöl hinzufügen und das Ganze gut vermengen. Das Schweineschulterfilet großzügig mit dieser Masse einreiben und das Ganze für 2 Stunden in den Kühlschrank stellen. In dieser Zeit das Fleisch mehrmals in der Marinade wenden.

Den Backofen auf 200 °C vorheizen. Das Schweineschulterfilet auf einem Backblech in den Ofen schieben und etwa 1½ Stunden backen. Den Honig mit 50 ml Orangensaft glattrühren und den Braten damit einstreichen. Weitere 30 Minuten im Ofen backen.

Saft von 3 Limonen
100 ml Ananassaft
150 ml Orangensaft
1 unbehandelte Orange
250 g Ananasstücke aus der Dose
6 Knoblauchzehen, gepreßt
1 TL Kümmelpulver
1 Msp. Muskatnuß
1 TL Oregano
4 EL Olivenöl
1,2 kg Schweineschulterfilet
150 g Honig

GEORGIA BORDER

»SCHWARZ« GEBRATENER LAMMRÜCKEN

BLACKENED LOUISIANA ROAST LAMB

GEORGIA BORDER

Für das Fleisch:

- *1 kg Lammrücken*
- *4 EL geklärte, flüssige Butter*
- *Salz, schwarzer Pfeffer aus der Mühle*
- *2 EL Blackened-Gewürzmischung*

Für die Sauce:

- *5 Köpfe Endiviensalat*
- *Salz*
- *300 ml Milch*
- *300 ml Geflügelbrühe*
- *2 TL Zucker*
- *150 g Sahne*
- *weißer Pfeffer aus der Mühle*

Für die gedünsteten Endivien:

- *4 Köpfe Endiviensalat*
- *500 ml Geflügelbrühe*
- *2 TL Zucker*
- *3 EL Butter*
- *2 EL gebräunte Butter*
- *Salz, weißer Pfeffer aus der Mühle*
- *10 Schalotten, geschält*
- *8 Knoblauchzehen, geschält*
- *4 EL Olivenöl*
- *2 EL Butter*
- *2 EL Balsamicoessig*
- *1 Zweig Thymian, fein gehackt*

Den Lammrücken mit der Butter bestreichen und mit Salz, Pfeffer sowie dem Blackened-Gewürz großzügig einreiben. Für 20 Minuten in den Kühlschrank stellen. Den Ofen auf 220 °C vorheizen. Den Lammrücken ohne Zugabe von Fett auf allen Seiten in einer Pfanne scharf anbraten. Auf ein Backblech legen und etwa 45 Minuten im Ofen garen.

Für die Sauce den Endiviensalat putzen, waschen, kleinschneiden und in Salzwasser 3 Minuten blanchieren. Das Wasser abschütten und die Endivien zurück in den Topf geben. Milch und Brühe angießen, den Zucker hinzugeben und alles mit Salz würzen. Das Ganze etwa 30 Minuten köcheln lassen. Mit dem Mixer fein pürieren, durch ein Sieb zurück in den Topf gießen und die Sahne dazugeben. Auf kleinem Feuer zu einer sämigen Sauce einkochen lassen. Mit Pfeffer würzen.

Für das Gemüse die Endivien putzen, waschen und weitestgehend vom bitteren Strunk befreien. Den Strunk über Kreuz einschneiden und die Endivien in einen Topf geben. Brühe, Zucker und Butter hinzufügen und das Ganze in 3 bis 5 Minuten weich kochen. Die Endivien aus dem Sud nehmen, quer aufschneiden und in der gebräunten Butter schwenken. Salzen und pfeffern. Die Schalotten und den Knoblauch in feine Scheibchen schneiden. Im Olivenöl zusammen mit der Butter goldbraun braten. Mit Salz, Pfeffer, Balsamicoessig sowie Thymian würzen.

Das Fleisch aus dem Ofen nehmen, in Koteletts schneiden und auf 4 Tellern anrichten. Zusammen mit Endiviengemüse sowie -sauce und Thymianbutter servieren.

GEBRATENE ENTENBRUST MIT BROMBEERSAUCE

ROAST DUCK WITH BLACKBERRY SAUCE

Für die Entenbrust:

- 4 Entenbrüste mit Haut (à ca. 250 g)
- Salz, Pfeffer
- 4 EL Olivenöl
- 3 EL Butter

Für die Brombeersauce:

- 2 Zwiebeln
- 2 Knoblauchzehen
- 2 EL Butter
- 3 EL Olivenöl
- 3 TL Mehl
- 250 g reife Brombeeren
- 120 ml roter Portwein
- 800 ml Geflügelbrühe

Außerdem:

- 600 g Brokkoli
- 3 EL Pinienkerne
- 2 EL Butter

Den Backofen auf 100 °C vorheizen. Die Haut der Entenbrüste mit einem scharfen Messer bis knapp über dem Fleisch in einem Karomuster einschneiden. Das Fleisch salzen und pfeffern.

Olivenöl und Butter in einer Kasserolle erhitzen. Die Entenbrüste darin von beiden Seiten kräftig anbraten. Dann die Kasserolle in den Ofen geben und das Fleisch etwa 15 Minuten garen.

Inzwischen für die Brombeersauce Zwiebeln und Knoblauch schälen. Die Zwiebeln fein hacken, den Knoblauch durchpressen. Beides in Öl und Butter anschwitzen. Mit dem Mehl abstäuben, die Brombeeren beigeben und mit dem Portwein ablöschen.

Das Ganze aufkochen und 10 Minuten einköcheln lassen. Die Geflügelbrühe dazugießen und die Sauce bei milder Hitze auf die Hälfte einkochen lassen. Mit Salz und Pfeffer aus der Mühle würzen.

Den Brokkoli putzen, waschen, in Röschen teilen und in Salzwasser weich garen. Die Pinienkerne in einer Pfanne trocken rösten. Den Brokkoli abgießen, abtropfen lassen und kurz in der Butter schwenken.

Die Entenbrüste schräg aufschneiden und auf 4 Tellern zusammen mit dem Brokkoli anrichten. Jeweils mit etwas Brombeersauce umgießen. Die Pinienkerne über den Brokkoli streuen. Dazu passen Salzkartoffeln.

GEORGIA BORDER

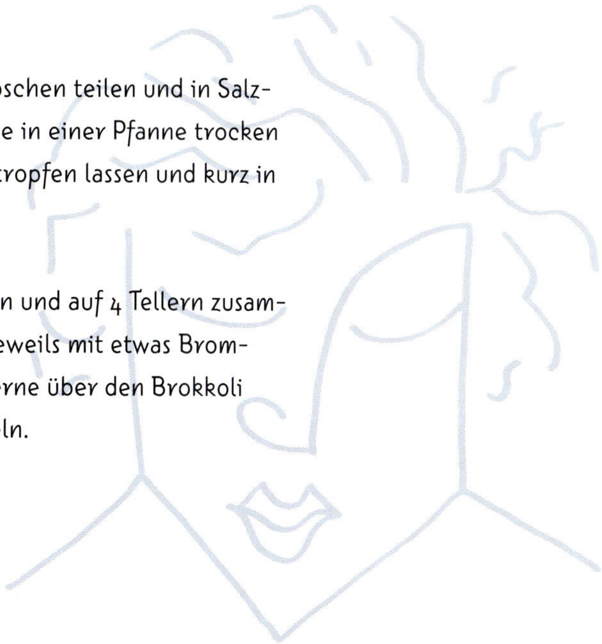

BUTTERMILCHEISCREME MIT BLAUBEERSAUCE & ROSMARINKEKSEN

BUTTERMILK ICECREAM WITH BLUEBERRY SAUCE & ROSEMARY COOKIES

GEORGIA BORDER

Für das Eis die Zitronen auspressen und den Saft zusammen mit allen anderen Zutaten für das Eis in einer Schüssel gut vermengen. Die Masse im Gefriergerät oder in der Eismaschine gefrieren lassen.

Für die Kekse den Rosmarin waschen, trockenschütteln und fein hacken. Die Vanilleschote der Länge nach aufschneiden und das Mark auskratzen. Die Butter zusammen mit Zucker, Salz und Vanilleschotenmark schaumig rühren. Backpulver, Mehl sowie Rosmarin hinzufügen und alles zu einem geschmeidigen, weichen Teig verkneten. Bei Bedarf etwas zusätzliches Mehl beigeben. Den Teig zu einer Kugel formen, in Klarsichtfolie wickeln und mindestens für 2 Stunden in den Kühlschrank legen.

Den Ofen auf 180 °C vorheizen. Ein Backblech einfetten. Aus dem Teig walnußgroße Kugeln formen und diese mit ausreichend Abstand zueinander auf das gefettete Backblech legen. Die Kekse im Ofen 7 bis 8 Minuten backen.

Für die Blaubeersauce den Zucker in einer kleinen Pfanne hellbraun karamelisieren lassen, die Blaubeeren dazugeben, mit dem Orangensaft ablöschen und den Zimt hinzufügen. Das Ganze etwa 2 Minuten köcheln lassen und dann im Mixer fein pürieren.

Die fertigen Kekse auf einem Teller anrichten. Vom Eis mit einem Kugelportionierer Kugeln abstechen, zu den Keksen legen und das Eis jeweils mit etwas Blaubeersauce übergießen.

Für das Eis:

2 Zitronen
800 g Buttermilch
50 ml Ahornsirup
150 ml Zuckersirup (Fertigprodukt)
1 Eiweiß

Für die Kekse:

1/2 Bd. Rosmarin
1/2 Vanilleschote
70 g weiche Butter
90 g Zucker
1 Prise Salz
3/4 TL Backpulver
80 g Mehl

Für die Blaubeersauce:

100 g Zucker
300 g Blaubeeren
150 ml Orangensaft
1/2 TL Zimtpulver

Außerdem:

Butter für das Backblech

PREISELBEER-ZIMT-KUCHEN

CRANBERRY CINNAMON CAKE

Für den Teig die Butter in einer Schüssel cremig rühren und den Zucker dazugeben. Das Vanillemark und das Ei hinzufügen. Alles gut verrühren.

In eine zweite Schüssel das Mehl hineinsieben. Das Backpulver, das Salz und das Zimtpulver hinzufügen. Das Ganze zu der Buttermischung geben und alles rasch zu einem glatten Teig kneten. Den Teig in Klarsichtfolie wickeln und für 1 Stunde in den Kühlschrank legen.

Für die Füllung die Preiselbeeren zusammen mit dem Zucker im Mixer pürieren und in eine Pfanne geben. Den Orangensaft dazugeben, das Ganze aufkochen und 5 Minuten köcheln lassen. Vom Herd ziehen und erkalten lassen. Die Datteln waschen, trockentupfen, halbieren, entkernen und das Fruchtfleisch in Würfel schneiden. Zusammen mit dem Zimt und dem Lebkuchengewürz zu den Preiselbeeren geben. Das Ganze ebenfalls für 1 Stunde in den Kühlschrank stellen.

Den Ofen auf 180 °C vorheizen. Eine Springform von etwa 26 cm Durchmesser mit Butter ausstreichen und mit Mehl ausstreuen.

Den Teig mit Hilfe einer Reibe zu feinen Streuseln verreiben und in 2 gleich große Hälften teilen. Den Boden der Springform mit der einen Hälfte des Teiges ausstreuen, leicht andrücken und die Preiselbeer-Dattel-Füllung darauf verteilen. Den restlichen Teig locker darüberstreuen. Die Form in den Ofen stellen und den Kuchen in etwa 1 Stunde und 15 Minuten goldgelb backen. Aus dem Ofen nehmen, erkalten lassen und mit Puderzucker bestäuben.

Für den Teig:

350 g weiche Butter
80 g Zucker
ausgekratztes Mark von 1 Vanilleschote
1 Ei, verquirlt
700 g Mehl
1 1/2 TL Backpulver
1/4 TL Salz
1 TL Zimtpulver

Für die Füllung:

300 g Preiselbeeren
80 g Zucker
80 ml Orangensaft
10 frische Datteln
1 TL Zimtpulver
1/2 TL Lebkuchengewürz

Außerdem:

Butter und Mehl für die Form
Puderzucker zum Bestäuben

GEORGIA BORDER

ZITRONENKÄSEKUCHEN

LEMON CHEESE CAKE

Den Backofen auf 180 °C vorheizen. Für den Boden die Graham Cracker oder die Spekulatiuskekse in einem Mixer fein pürieren und in eine Schüssel geben. Den Zucker und die flüssige Butter hinzufügen. Gut vermengen.

Die Teigkrustenmischung in eine Springform mit etwa 24 cm Durchmesser geben und am Boden fest andrücken. Die Springform in den Ofen stellen und den Boden etwa 10 Minuten backen. Dann herausnehmen und erkalten lassen.

Für die Füllung Frischkäse, saure Sahne, Eier, Eigelbe, Zucker, Salz und Saft der Zitrusfrüchte in einer Schüssel gründlich verrühren. Zum Schluß das Vanilleschotenmark untermengen. Die Masse in die Springform füllen und gleichmäßig verteilen. Den Kuchen im Ofen bei 160 °C etwa 45 Minuten backen. Vor dem Servieren vollständig abkühlen lassen.

Für den Boden:

300 g Graham Cracker, ersatzweise Spekulatiuskekse

60 g Zucker

60 g flüssige Butter

Für die Füllung:

200 g Doppelrahmfrischkäse

500 g saure Sahne

2 Eier

2 frische Eigelbe

240 g Zucker

1 Prise Salz

4 EL Zitronensaft

4 EL Orangensaft

5 EL Grapefruitsaft

ausgekratztes Mark von 1 Vanilleschote

GEORGIA BORDER

DEUTSCHES REZEPTVERZEICHNIS

ENGLISCHES REZEPTVERZEICHNIS

Der Abdruck aller Illustrationen erfolgt mit freundlicher Genehmigung von Romero Britto

Bildnachweis:

S. 4: »Girl with Fruit«; S. 6: »Miami«; S. 11: »Breeze»; S. 15: »Having Fun«; S. 19: »Behind the Bushes«; S. 23: »Girl with Fruit«; S. 24: »Pernan Bueana«; S. 29: »The Dancers«; S. 33: »Untitled«; S. 37: »Brendan Dancing«; S. 41 »Egyptian Girl«; S. 44: »Karina«; S. 49: »The Good Life«; S. 53: »Best Friends«; S. 57: »Star Duck«; S. 61: »Jeanna Part I«; S. 65: »Miami Riviera«; S. 66: »Frances«; S. 71: »Taste of Love«; S. 75: »That Girl«; S. 76: »Cosmopolitan«; S. 79: »Lovers«; S. 80: »Doing Lunch«; S. 85: »A Fine Romance«; S. 89: »Time Together«; S. 93: »Girl with Beret«; S. 97: »Cheryl's Bowl«; S. 101: »Only You can Hear«; S. 102: »Samba«; S. 107: »Sascha«; S. 111: »Playing for us«; S. 115: »Dancers«; S. 119: »Roberta«; S. 122: »Girl On a Bike«; S. 127: »Flying Dancers«; S. 131: »Star Duck II«; S. 135: »Adam and Eve«; S. 136: »The Happy Fish«; S. 141: »Queen Chess«; S. 144: »The Stork«; S. 149: »Jeanna Part II«; S. 151: »Francesca«; S. 155: »American Riviera«

Sofern nicht anders angegeben, sind alle Rezepte für 4 Personen berechnet

Abkürzungserklärungen
EL = Eßlöffel
TL = Teelöffel
ml = Milliliter
l = Liter
cl = Zentiliter
cm = Zentimeter
g = Gramm
kg = Kilogramm
Msp. = Messerspitze
Bd. = Bund
ca. = cirka
°C = Grad Celsius

Lektorat: Isabelle Fuchs
Umschlaggestaltung: Wolfgang Heinzel
Umschlagillustrationen: © Romero Britto
© Illustrationen by Romero Britto, 1998
© Rezepte Peter Bührer

Art Director: Wolfgang Heinzel
Satz und Herstellung: Angelika Tröger
Reproduktionen: Electronic Publishing Service GmbH, München
Druck und Bindung: Westermann Druck, Zwickau
Printed in Germany
ISBN 3-87287-452-7

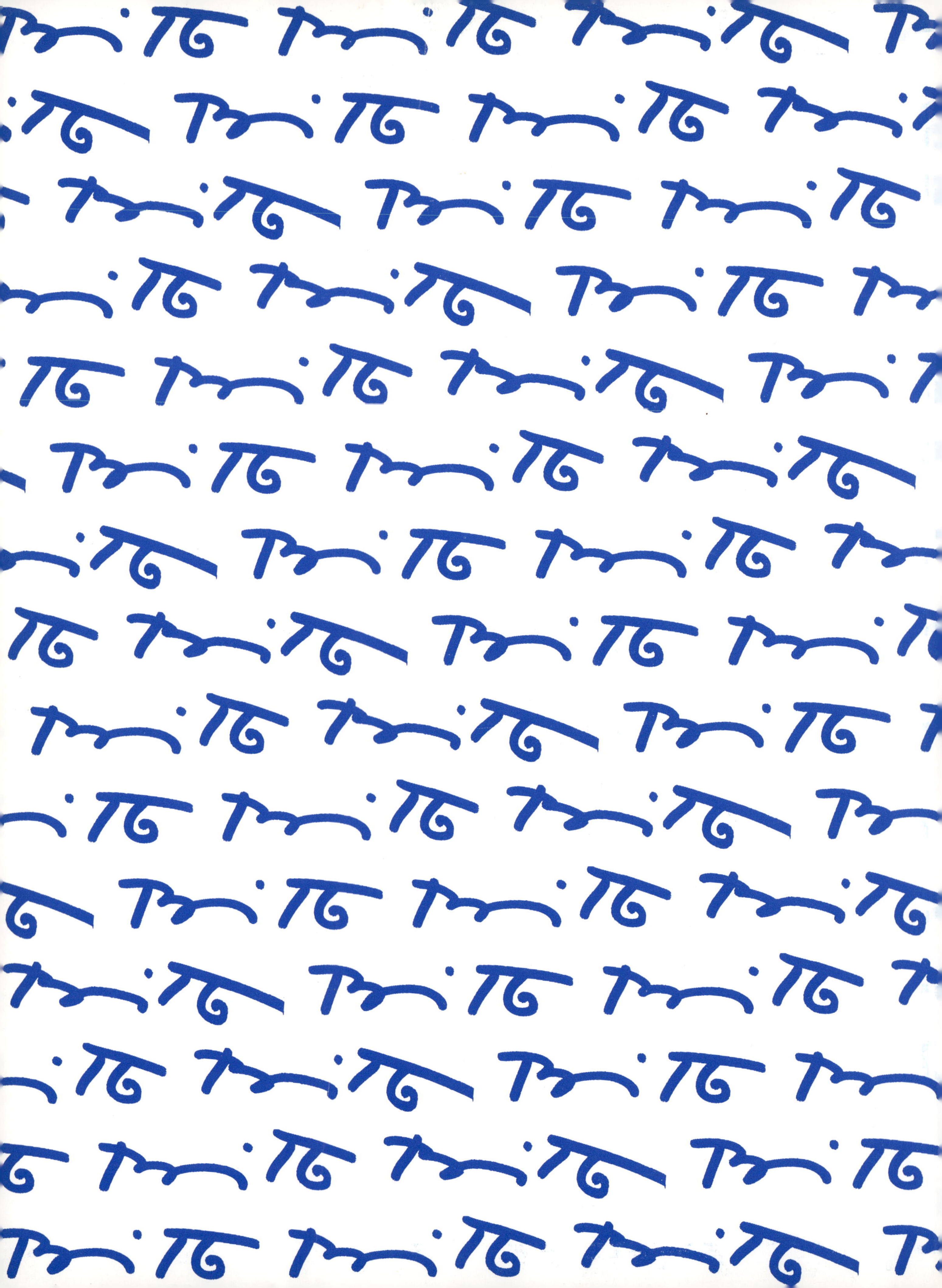